Philippe Lahille

Vivre simplement
pour
vivre mieux

ou La simplicité volontaire
en 130 conseils pratiques

LE GUIDE DES DÉCROISSANTS

Dangles
ÉDITIONS

ISBN : 978-2-7033-0792-1

Une marque du groupe éditorial PIKTOS
Z.I. de Bogues - rue Gutemberg - 31750 Escalquens
Bureau parisien : 6 rue Régis - 75006 Paris

Introduction

Cet ouvrage a pour vocation première d'inciter le lecteur à faire le choix *volontaire* d'un mode de vie simple. Il se trouve que sa rédaction a coïncidé avec une période de récession économique, de baisse sensible de pouvoir d'achat et d'augmentation conséquente du prix des denrées alimentaires et autres matières premières.

Du coup, l'objectif devenait double : vivre simplement pour vivre mieux, certes, mais d'autant plus simplement que ces divers conseils vous conduiront à maîtriser votre consommation, à réaliser des économies substantielles et à retrouver un pouvoir d'achat intelligent.

Il ne s'agit pourtant pas de se serrer la ceinture. Le concept de simplicité volontaire répond à une tout autre démarche. C'est le choix d'un nouvel art de vivre qui privilégie *l'être* à *l'avoir*, *l'être* au *paraître*, *la frugalité* au *gaspillage*. En vous affranchissant des sirènes de la surconsommation, vous accéderez tout naturellement à plus de liberté, un meilleur épanouissement et à une réelle conscience écologique au quotidien.

Comme le dit si bien Serge Mongeau, l'un des fondateurs au Québec du mouvement de la simplicité volontaire : « le système, la société de consommation dans laquelle je vis, nous enferme, individuellement et collectivement, dans une cage qui nous laisse de moins en moins de choix véritables et de vraies libertés. Que les barreaux de la cage soient dorés ne change rien à la réalité profonde de l'aliénation de ses prisonniers. » (*La Simplicité Volontaire, plus que jamais...* Éditions Écosociété, 1998)

Ce guide n'est pas un traité économique ou philosophique. Bien des auteurs à la plume plus alerte ont disserté sur le sujet *(biblio-*

graphie en fin d'ouvrage). Ce petit manuel vous invite à découvrir et à mettre en pratique de nouveaux gestes quotidiens, si simples et frappés de bon sens que vous serez surpris de ne pas y avoir pensé plus tôt. Faudra-t-il, bien sûr, que vous soyez déjà convaincus du bien-fondé de cette démarche afin que chaque changement soit vécu bien davantage comme un progrès que comme une contrainte subie.

Alors votre vie s'en trouvera rapidement transformée. Vous contemplerez avec un recul salutaire les gesticulations de notre société d'hyperconsommation et de gaspillage éhonté, tel le promeneur observant de toute sa hauteur l'agitation frénétique d'une fourmilière.

Vous reprendrez la main sur votre propre existence, vous retrouverez l'assurance de ceux qui savent être dans le vrai, qui savent « lorsqu'ils possèdent assez ». Vous deviendrez rapidement insensible aux modes, étranger à la superficialité.

Cette nouvelle distance prise par rapport aux biens matériels créera immanquablement une vacuité si elle n'est compensée par une richesse intérieure (mais n'est-ce pas justement la vacuité qui ouvre les portes vers sa richesse intérieure ?). Vous abandonnerez le concept du « toujours plus », vous lâcherez prise à la surconsommation, soit. Mais comment compenserez-vous ce vide qui s'ouvre devant vous ? Vous vous retrouverez dans la situation d'un drogué en phase de désintoxication, car la surconsommation est bien une addiction comme une autre.

La compensation viendra de l'intérieur : l'amitié, l'amour, la créativité, le don de soi, de ses talents ou de son temps, le partage, la culture, l'enrichissement intérieur. Cette richesse qui ne vous abandonnera jamais, cette fortune que vous allez faire éclore au plus profond de vous-même sont autant de valeurs qui ne sont pas soumises aux fluctuations du CAC 40. Ces connaissances, ce savoir-être, aucun huissier ne viendra jamais vous les saisir. Vous allez enfin apprendre à *être vous-même*, à forger vos propres opinions, à devenir libre-penseur dans cette société du « prêt-à-penser » et du

« prêt-à-consommer » qui n'a de cesse d'orienter vos désirs dans le sens de ses propres intérêts.

Tout naturellement, vous rechercherez la différence et le non-conformisme. Vos lectures prendront une nouvelle orientation qui vous aidera à mieux décrypter notre société, à l'analyser en profondeur et à prendre du recul par rapport à l'agitation ambiante.

Vous choisirez vos propres valeurs, celles qui deviendront assurément les nouveaux modèles pour les générations futures.

« Vivre tous simplement
pour que tous puissent
simplement vivre »
(Gandhi)

Mode d'emploi

Ce guide contient un grand nombre de conseils numérotés de 1 à 130 et notés de 1 à 5 ♥ en fonction de leur intérêt économique, écologique et de bien-être. En fin d'ouvrage, un calendrier est destiné à planifier les résolutions que vous souhaitez adopter. Choisissez uniquement, après mûre réflexion, celles qui vous sont accessibles. Si vous placez la barre trop haut, ou si vous essayez de mettre en pratique trop de changements d'un coup, vous vous découragerez.

Parmi les conseils proposés, vous en mettez déjà certains en pratique, vous adhèrerez très facilement à bien d'autres, mais il en restera toujours un certain nombre qui ne vous correspondront pas, qui iront peut-être même à l'encontre de votre personnalité ou de votre éthique. Nous sommes tous différents et c'est tant mieux. Rien ne serait plus déprimant qu'un monde uniformisé.

Alors, comme pour tout, faites des choix réalistes, étalés dans le temps, et réellement à votre portée. Il n'en sera que plus aisé de vous y tenir. Faites partager ces choix à votre famille. Ne décidez pas seul des changements à opérer au risque de déclencher des conflits avec votre entourage. Faites lire ce guide à votre conjoint et à vos enfants, demandez-leur de choisir eux aussi les numéros des résolutions qui leur semblent judicieuses. Et commencez par mettre en pratique celles qui auront été sélectionnées par l'ensemble de la famille. Les réaliser deviendra alors un défi, sinon un jeu.

En espérant que ce guide devienne le compagnon inséparable de votre quotidien, initiant en vous de profonds changements vers plus de simplicité et de joie de vivre.

Bonne lecture !

La consommation

Combien de fois, dans un grand magasin, sur un catalogue de vente par correspondance, sur un site web marchand, avez-vous craqué pour un objet qui vous paraissait tellement… tentant ! *Tentant*, c'est bien là le problème. Tentant comme *tentation*. Pourtant, vous le savez bien, nos commerçants et publicitaires n'ont pour seul objectif que de vous faire « succomber à la tentation ».

Et une fois cet objet acquis, ce nouveau joujou à la maison, vous voilà comblé. Pour combien de temps ? Quelques semaines, seulement quelques jours, parfois quelques heures… Cet objet tant convoité deviendra rapidement inintéressant et finira au grenier (puis au vide-grenier).

Nous avons tous maintes fois vécu ce scénario. C'est ce qui fait fonctionner la société de consommation, paraît-il, et quand la consommation va, tout va. Comme pour l'appétit.

Alors comment réfréner ce besoin irrépressible pour le dernier gadget à la mode ?

Envie furieuse d'acheter ?

Écologie : ♥♥♥ Économie : ♥♥♥♥ Mieux-être : ♥♥♥

Une méthode très simple, qui ne vous coûtera moins d'un euro à la papeterie. Achetez un carnet qui tienne dans la poche ou dans votre sac à main. Notez-y l'objet de vos désirs (au lieu de l'acheter), la date du jour de sa découverte et imposez-vous une semaine de réflexion.

Sept jours plus tard, en avez-vous toujours envie ? Curieusement non. La lubie est passée, peut-être chassée par une autre (que vous inscrirez à son tour dans votre tout nouveau carnet). Ou bien est-ce votre collègue de travail qui vous a expliqué que ce dernier gadget électronique n'est justement qu'un gadget, et qu'il se mord les doigts de l'avoir acheté...

Cette méthode fonctionne, selon les personnes, jusqu'à 70 % des cas. Vous éliminerez donc 70 % d'objets inutiles chez vous. Si vous avez besoin de faire des économies, voilà un procédé d'une efficacité redoutable. Et même si votre compte en banque est confortable, adoptez tout de même cette méthode pour une raison simple : ce lecteur MP3 qui, une semaine plus tard, vous fait encore et toujours envie, si vous vous offriez plutôt un modèle haut de gamme, d'une marque plus fiable et avec une garantie étendue ? De plus, ce temps de réflexion que vous vous imposez vous permet de mieux comparer et de faire jouer la concurrence. Plusieurs magazines de défense des consommateurs proposent des dossiers très complets, avec de nombreux comparatifs, qui vous guideront vers des achats intelligents.

La simplicité volontaire n'est pas un moyen détourné de « se serrer la ceinture ». Son objectif est de vous inciter à mieux consommer, à acheter des produits beaux et fiables, d'excellente qualité, fabriqués si possible localement et réparables. Tant pis s'ils coûtent le double. Pensez à l'économie réalisée en n'achetant pas des dizaines d'autres objets superflus. Vous restez gagnant.

Alors, ce petit carnet, vous l'adoptez ?

❐ <u>001</u> Je fais l'expérience. J'achète ce carnet dès le :

Utile, beau et durable

Le petit carnet évoqué plus haut peut réduire vos achats impulsifs de 70 %, soit, mais que faites-vous avec les 30 % restants ? Toute décision d'achat doit répondre à trois critères essentiels : est-ce utile (je veux dire vraiment utile, donc indispensable), est ce beau et noble, est-ce durable ?

N'achetez que ce qui vous est rigoureusement nécessaire, après mûre réflexion. Et lorsque vous êtes convaincus du bien-fondé de cet achat, ne vous précipitez pas sur le premier modèle venu. Renseignez-vous, évaluez, comparez, testez et choisissez celui qui réunira la qualité optimale (fonctionnel, silencieux, écologique, fiable) et l'esthétique parfaite (beau, noble dans sa facture comme dans son matériau). L'objet en question est deux fois plus cher ? Patientez deux fois plus de temps avant de l'acheter mais mettez-y le prix. N'achetez pas du bas de gamme *en attendant*... Vous serez déçu. Ce bas de gamme durera deux fois moins longtemps (il n'est donc pas moins cher) et polluera par sa médiocrité votre champ visuel.

Chaque nouvel objet doit embellir votre vie. Qu'il soit utile ou décoratif (il doit réunir les deux), sa noblesse le rendra sacré à vos yeux. Vous aurez toujours plaisir à le regarder, à le manipuler méticuleusement, vous en prendrez soin et veillerez à son parfait entretien. Une place de choix lui sera réservé dans votre logement.

***Simplicité* doit rimer avec *beauté* et *utilité*, jamais avec *médiocrité*.**

Pas de pub SVP

Écologie : ♥♥♥♥♥ Économie : ♥♥♥ Mieux-être : ♥♥

Et si tout simplement il suffisait de ne pas être tenté… Autrement dit d'échapper au matraquage publicitaire : votre boîte aux lettres est inondée chaque jour de publicités vous proposant des promotions toutes plus alléchantes les unes que les autres, la plupart du temps sur des produits dont vous n'avez aucune nécessité.

Le saviez-vous ? *Chaque foyer reçoit par an 35 kg de publicités dans sa boîte aux lettres (ou plutôt « boîte à pubs »), soit un million de tonnes de papier. Cela représente 30 % de la totalité des documents imprimés, soit donc 30 % de la pâte à papier produite. Certaines brochures publicitaires publiées par les grandes enseignes alimentaires tirent à plusieurs millions d'exemplaires. Ne vous faites aucune illusion : c'est vous qui payez l'addition, puisque le budget publicitaire de ces enseignes (ou de leurs fournisseurs) est répercuté sur le prix final des produits.*

Apposez sur votre boîte aux lettres un autocollant STOP PUB :

Vous pouvez vous procurer ces autocollants souvent auprès de votre mairie, de votre bureau de poste, à l'accueil de votre grande surface, sinon auprès d'associations de défense de l'environnement ou en le réalisant vous-même. Votre facteur le prendra toujours en considération.

Quant au **courrier publicitaire** nommément adressé (souvent des propositions de crédits ne visant qu'à vous sur endetter), rien de plus simple. Prenez l'enveloppe-réponse T et retournez la publicité accompagnée d'un courrier type (que vous imprimerez à l'avance en quantité) avec le texte suivant :

> *Vos coordonnées en entête*
>
> *Madame, Monsieur*
>
> *N'étant pas intéressé(e) par vos publicités, je vous prie, en vertu de la loi L 78-17 du 6 janvier 1978 (loi Informatique et Libertés) de bien vouloir supprimer définitivement mes coordonnées de votre liste de prospection.*

Joignez le document publicitaire portant mention de vos nom, adresse et éventuel numéro client.

S'il n'y a pas d'enveloppe T, peu importe, ne l'affranchissez pas pour autant mais indiquez dessus : REFUSÉ. La poste l'acheminera aux frais du destinataire. Renouvelez l'opération autant de fois que nécessaire et dénoncez, au besoin, le récidiviste aux services de la CNIL *(www.cnil.fr)*.

Mettez également un frein à la publicité par téléphone. Demandez à votre opérateur téléphonique l'inscription de votre numéro sur **liste orange** afin de ne plus subir de démarchage intempestif.

Ne limitez pas votre action à la publicité distribuée ou téléphonée. Fuyez de manière générale toute forme de publicité, quelle soit télévisuelle, radiophonique, sur magazine ou par messagerie. Préférez les chaînes de télévision sans publicité, écoutez les radios dont les programmes sont porteurs de sens, lisez la presse qui suscite la réflexion, qui invite à l'analyse et non ces revues en papier glacé composées à 80 % de publicités, et qui sont une injure au bon sens écologique. Ces magazines vivent au crochet de leurs annonceurs et se font le relais de leur bureau marketing. Tel laboratoire de cosmétiques, qui passera à l'année 30 pages de publicités, ne se verra jamais refuser un article vantant les mérites de ses crèmes ou onguents.

❒ 002 J'appose sur ma boîte aux lettres l'autocollant STOP PUB.

❒ 003 Je m'inscris sur liste orange.

❒ 004 Je me désinscris systématiquement de toutes les *newsletters* indésirables sur ma messagerie.

Un mois sans achats

Écologie : ♥♥♥♥ Économie : ♥♥♥♥♥ Mieux-être : ♥♥♥

Que vous ayez du mal à boucler les fins de mois ou non, faites donc cette expérience : un mois sans achats. Pendant un mois entier, n'achetez que la nourriture, les produits d'hygiène et ce qui est indispensable à l'entretien de la maison (quoi que dans ce domaine-là, nous vous invitons à vous reporter au chapitre « Logement » dans lequel nous vous invitons à fabriquer par vous-même ces produits d'entretien). Aucun achat de vêtements, de livres, de CD, de DVD, d'électroménager, de jeux et jouets, de gadgets électroniques, etc. À chaque envie, dites-vous que vous attendrez le mois prochain. Notez alors les économies réalisées. Curieusement, vous verrez que vous ne consommerez pas le double le mois suivant. De plus, pendant un mois, vous ne passerez pas vos samedis après-midi à courir les galeries marchandes des centres commerciaux. Vous libèrerez donc du temps, pour vos loisirs par exemple. Si cette expérience s'avère concluante, renouvelez-là une fois par an, de préférence un mois avant votre départ en vacances. Vous apporterez ainsi un ballon d'oxygène à votre compte en banque afin de mieux profiter de vos congés.

Sur le même principe, pourquoi ne pas tenter « une semaine sans… ». Les idées ne manquent pas. Une semaine : sans viande, sans téléphone, sans cigarettes, sans alcool, sans restaurant, sans information (ni radio, ni télé), sans faire de ménage (au diable les microbes, bactéries et autres moutons)... Et que dites-vous d'une semaine sans conjoint ni enfant ? Voilà une belle occasion de vous retrouver en tête à tête avec vous-même pour faire un point sur votre vie et ses orientations.

❒ **005** Je choisis mon mois sans achat au mois de :

Je teste une semaine sans :

❒ **006** Viande	❒ **007** Téléphone	❒ **008** Cigarettes
❒ **009** Alcool	❒ **010** Restaurant	❒ **011** Radio
❒ **012** Télévision	❒ **013** Ménage	❒ **014** Enfants
❒ **015** Conjoint	❒ **016** -	❒ **017** -

Les cadeaux : une nouvelle façon d'offrir

Écologie : ♥♥♥ Économie : ♥♥♥♥♥ Mieux-être : ♥♥♥

Pourquoi faudrait-il toujours qu'un cadeau soit un produit manufacturé acheté dans le commerce à un prix déterminé à l'avance selon l'importance qu'on souhaite lui donner ? Adoptez une nouvelle façon d'offrir, beaucoup plus économique, mais qui ravira tout autant vos proches.

Quelques idées

Les cadeaux faits main : bouquet de votre jardin ou pot-pourri, bijoux réalisés par vos propres soins, photo encadrée, panier de nourriture maison (confitures, conserves, pâtisseries, etc), calendrier orné de photos de famille, produits de beauté naturels faits maison, compilation de musique avec pochette CD originale, arbre généalogique, un book compilant les événements marquants d'une année (année de naissance pour un anniversaire), cadre avec photos de petits enfants pour les grands-parents...

Les cadeaux non matériels : inscription à une activité culturelle ou sportive, abonnement à une revue, place de théâtre ou de concert, location d'une chambre d'hôte pour un week-end…

Pour les enfants : jouets en bois confectionnés dans votre atelier, construction d'une cabane dans le jardin, chasse au trésor ou autres jeux organisés en plein air, atelier perles, jeux de rôles…

Et pour finir, n'hésitez pas à proposer de faire des fêtes ou réunions de familles **sans cadeaux**, tout simplement. L'objectif premier étant de se réunir, et non de faire flamber à tout prix la carte de crédit. Il est probable que vos convives insistent et apportent, même sans votre accord, un cadeau. Ce qui mettra mal à l'aise les autres invités arrivant les mains vides. Alors suggérez leur une idée, sous forme de jeu ou de défi : apporter un cadeau de 5 € maximum le plus original possible, ou offrir un cadeau uniquement composé par eux-mêmes à partir d'éléments naturels ou d'objets recyclés. Ces cadeaux auront certainement à vos yeux plus d'intérêt que n'importe quel objet manufacturé « in China ». On s'ébahira devant la créativité des uns et des autres, on comparera les talents plutôt que les porte-monnaie.

Pourquoi acheter du neuf ?

Écologie : ♥♥♥♥ Économie : ♥♥♥♥♥

Cette question vous surprend ? C'est pourtant le choix d'un nombre croissant de personnes qui refusent la société de consommation et choisissent une voie résolument alternative, celle de ne plus rien acheter de neuf. En effet, tout se trouve d'occasion. Par définition, l'occasion est le surplus de notre société d'hyper consommation, ce qui « déborde du caddie ». Partant du principe qu'une immense majorité de consommateurs ne contrôlent pas (encore) leurs pulsions d'achats, un nombre considérable de produits sont achetés inutilement et se retrouvent sur le marché de l'occasion, parfois très rapidement après leur sortie. Même du matériel de haute technologie peut s'acquérir d'occasion quelques mois ou quelques semaines seulement après sa mise sur le marché.

Alors, ceux qui ont choisi de ne plus rien acheter de neuf sont-ils des intégristes de la simplicité volontaire ou des écologistes visionnaires ?

La démarche est écologique, ou du moins abonde dans ce sens. Acheter d'occasion est déjà une forme de recyclage. Ne pas acheter un produit neuf, c'est éviter de le fabriquer inutilement, donc de polluer. Enfin, c'est s'habiller, s'équiper, meubler sa maison pour un coût trois ou quatre fois moindre, donc augmenter considérablement son pouvoir d'achat. Oui, mais à quoi bon si l'on n'achète plus rien ?

Il reste toujours l'indispensable besoin de s'alimenter, alors pourquoi ne pas mieux se nourrir et acheter des produits bio, sortir plus souvent au restaurant, aller au cinéma ou au théâtre ? Réfléchissez un instant et vous ne manquerez pas d'idées pour dépenser intelligemment vos nouvelles économies. Sinon, faites-en simplement profiter les plus démunis. Il ne manque pas d'associations caritatives qui sauront redistribuer cette manne, ou financer des projets utiles (sociaux, économiques, écologiques...).

Comment acheter d'occasion ?

L'un des sites Internet les plus fréquentés en la matière est Ebay. Il s'agit d'un site de vente aux enchères sur lequel on peut se procurer à peu près tout, sauf l'âme sœur. Par contre, le principe des enchères peut devenir rapidement un piège, vous incitant à renchérir toujours plus pour obtenir à tout prix l'objet convoité et le payer presque le prix du neuf. Il faut donc faire preuve de patience et ne pas vouloir tout trouver immédiatement. Il est également plus compliqué de s'y procurer un objet lourd ou volumineux, un meuble ou un véhicule, à moins de trouver le vendeur près de chez vous. Attention à l'incidence des frais de transport.

Plus simple et infiniment plus agréable : les brocantes ou vide-greniers du dimanche. C'est l'occasion d'une promenade, souvent à la campagne, dans de petits villages que vous ne connaissiez peut-être pas encore. L'avantage par rapport aux sites d'enchères est que vous pouvez voir les produits que vous recherchez, les toucher, tester leur bon fonctionnement et les emporter immédiatement. Certaines brocantes sont immenses. À présenter trop d'objets, on finit par ne plus rien voir. Un conseil utile : préparez une liste de ceux que vous recherchez (souvenez-vous, le fameux petit carnet acheté à la papeterie du coin) et focalisez-vous sur ceux-là. Vous les repérerez beaucoup plus facilement. Attention, ne transformez pas l'hyperconsommation de neuf en hyperconsommation d'occasion sous prétexte que ce n'est pas cher. Sinon vous remplirez votre intérieur d'un fatras de choses inutiles et vous êtes revenu au point de départ.

Si vous ne pouvez patienter jusqu'au dimanche, si c'est l'hiver et qu'il n'y a plus de brocantes de plein air, rabattez-vous sur les trocantes et autres dépôts-ventes. Ils sont ouverts toute la semaine, les prix y sont généralement un peu plus élevés puisqu'ils intègrent la commission du revendeur, mais encore très avantageux par rapport au neuf.

Pensez aussi à Emmaüs. Inutile de présenter cette institution fondée par l'Abbé Pierre, qui a le triple mérite de venir collecter chez vous vos encombrants, de les recycler et/ou les remettre en vente quand ils en valent la peine tout en procurant un logement et un travail à d'anciens sans-abris. N'oubliez pas non plus la Croix-Rouge et le Secours populaire qui pourront recevoir vos dons pour aider les plus démunis. Sur Internet, nous vous conseillons le site *www.don-legs.org*.

Concernant les vêtements, les brocantes en regorgent, surtout des vêtements d'enfants quasiment neufs. Votre bébé ou votre jeune enfant ne vous reprochera pas de lui avoir acheté un pull ou un pantalon d'occasion. Il n'en sera pas moins présentable pour autant. Quant aux adolescents, tout dépend de leur état d'esprit. Ceux qui auront adhéré à la démarche de leurs parents n'auront aucune honte à porter des vêtements d'occasion. Jouez la carte *vintage*. Beaucoup d'adolescents trouveront très *in* de porter des vêtements des années soixante-dix (qui reviennent à la mode), et au lieu d'en acheter des copies neuves, ils auront plaisir à porter de vraies reliques d'époque. Par exemple, vous trouverez facilement en brocante pour quelques euros d'authentiques lunettes de soleil rondes à la Jim Morrison qui feront pâlir d'envie les copains ou copines les plus *fashion*. Essayez de trouver leur copie dans le commerce, il vous en coûtera une fortune et elles seront certainement de qualité moindre.

Toujours pour s'habiller à moindres frais, pensez aux bourses aux vêtements. Il s'en organise de plus en plus. Et pas seulement de vêtements, mais de livres, de CD et DVD, et même de plantes... Pourquoi ne pas en organiser vous-même dans votre quartier ?

Pour l'électroménager : découvrez le réseau ENVIE (il y en a dans toutes les grandes villes) qui récupère, recycle, répare des appareils en fin de vie pour les revendre d'occasion, à tout petit prix et garantis un an. *www.envie.org*

Quelques sites à visiter

www.ebay.fr - www.marche.fr - www.leboncoin.fr

Et pour trouver les brocantes et autres bourses d'échanges par date et département, l'incontournable site : *www.vide-greniers.org*

❐ **018** Je fais une liste d'objets (vraiment nécessaires) que je recherche d'occasion.

❐ **019** Une fois l'objet trouvé, je calcule l'économie réalisée par rapport à son équivalent neuf. Chaque mois, je choisis comment utiliser ces économies.

❐ **020** Je parle avec mes enfants de l'idée de se vêtir d'occasion afin de tester leur réaction. Je mets en avant les arguments écologiques et économiques. Je leur montre l'exemple.

Faire les courses. Le commerce de proximité

Écologie : ♥♥♥ Économie : ♥♥♥ Mieux-être : ♥♥♥♥

Si votre principal loisir de la semaine est d'aller faire les courses, traîner dans les boutiques et faire du lèche-vitrine, demandez-vous ce que révèle en vérité cette frénésie.

Commencez par lister ce dont vous avez réellement besoin et une fois dans le magasin, contentez-vous de ces achats. Trop souvent, vous succombez à la promotion du jour, aux têtes de gondoles, aux bonnes affaires (qui n'en sont pas toujours). Pourquoi acheter cinq boîtes pour le prix de quatre alors qu'une seule vous suffit ? Fréquentez de préférence les petits commerces de proximité, recherchez les producteurs bio de votre région, achetez les produits d'une ferme voisine. De nombreuses raisons à cela : ils sont plus proches, vous pouvez donc y aller à pied ou en vélo, le conseil y est meilleur, la qualité au moins identique et vos suggestions sont mieux prises en compte. Si vous les faites travailler régulièrement, ils résisteront mieux face à la concurrence d'une grande distribution envahissante. Ceux qui se plaignent de la fermeture d'un petit commerce de proximité sont souvent ceux qui ne le fréquentaient jamais, ou alors en dépannage pour une boîte d'allumettes. Allez chez le boulanger, chez le primeur, à l'épicerie du coin de la rue. Vos dépenses ne seront finalement pas plus élevées pour deux raisons : chez ces commerçants, leur choix étant limité, vous n'achetez que ce dont vous avez besoin alors qu'en hypermarché, vous ressortez toujours avec 20 à 30 % d'achats superflus dans votre caddie. De plus, vous rendre dans un commerce de proximité est plus rapide et peut souvent se faire à pied ou en vélo. Soit un gain de temps et de carburant non négligeable.

❐<u>021</u> Je décide de fréquenter plus souvent les petits commerçants suivants :

-	-
-	-
-	-

Toujours plus de technologie ?

Écologie : ♥♥♥♥ Économie : ♥♥♥♥

De nouveaux gadgets électroniques « dernier cri », encore plus design, inventifs, puissants et fonctionnels sont, chaque jour, mis sur le marché à grand renfort de publicité tapageuse. Avez-vous réellement besoin de cette technologie pour votre usage personnel ? Si on demande à un téléphone de savoir téléphoner, le modèle de base suffit amplement (et sera certainement plus robuste que le dernier né bourré d'une technologie encore mal éprouvée). Attention, dans ce domaine tout particulièrement, le simple est bien souvent synonyme de mieux.

Évoquons l'expérience de Toyota dans les années 2000. Alors que toutes les marques automobiles introduisaient toujours plus d'électronique à bord, leur fiabilité diminuait proportionnellement. La défaillance d'un gadget à peu près inutile pouvant entraîner, c'est un comble, l'immobilisation totale du véhicule. De très renommées marques allemandes ont dégringolé vertigineusement dans le classement des constructeurs les plus fiables. Y compris Toyota qui faisait de cette fiabilité son cheval de bataille. La firme japonaise a alors pris la décision, à contre-courant de tous ses concurrents, de diminuer considérablement l'électronique pour ne garder que les accessoires indispensables et les mieux éprouvés. Résultats plus que positif : en 2005, sur les douze modèles de véhicules les plus fiables, 8 étaient des Toyota. Et cette marque a connu depuis un très fort développement des ventes. CQFD !

La Logan de Dacia bénéficie aujourd'hui du même succès pour des raisons identiques (ce véhicule est fabriqué uniquement de composants largement éprouvés depuis des décennies sur des modèles plus anciens et ne contient qu'un minimum d'électronique). S'il existe encore bien des « frimeurs » pour utiliser leur voiture comme signe extérieur de richesse et de réussite sociale, de plus en plus d'utilisateurs ne demandent aujourd'hui à leur véhicule que le strict nécessaire : les transporter à la vitesse réglementaire et surtout ne jamais tomber en panne. Les années quatre-vingts et quatre-vingt-dix, années paillettes par excellence, sont révolues. L'exemple des voitures peut s'appliquer à bien d'autres domaines.

Vous êtes mélomane et vous recherchez un son optimum pour votre chaîne de salon ? Soit vous vous ruinez en hi-fi très haut de gamme, soit vous dénichez d'occasion à un prix très abordable un vieil ampli Luxman, Denon ou Technics des années quatre-vingts et d'excellentes enceintes Cabasse ou JBL de la même époque. Vous vous équiperez ainsi pour le quart du prix avec un matériel d'une qualité équivalente ou supérieure au haut de gamme actuel. De plus, vous aurez chez vous un équipement *vintage* original et d'une robustesse à toute épreuve.

Et lorsque votre téléphone sans fil tombe en panne quelques semaines après la fin de la garantie (comme par hasard), n'allez-vous pas rechercher en dépannage dans votre grenier le vieux téléphone à cadran des années soixante-dix, poussiéreux mais toujours fidèle ?

Un exemple. *Cet ouvrage a été rédigé en 2008 sur un ordinateur portable Mac iBook de 2000, capacité du disque dur : 2 Go (le minimum actuellement étant de 120 à 160 Go), mémoire vive : 64 Mo, vitesse : 366 Mhz. Autant dire une antiquité ! Cet ordinateur, équipé des logiciels Word et Excel, a été acheté 30 € dans une brocante. Il démarre en moins d'une minute (plus rapidement que mon ordinateur portable professionnel). Certes, je ne me sers pas de mon iBook pour jouer à des jeux vidéo ou visionner des films, seulement pour écrire. Et il convient parfaitement à cette tâche. Après tout, on ne demandait pas à nos anciennes machines à écrire Remington de servir de console de jeu ou de télévision…*

Nous pourrions trouver une multitude d'autres exemples pour démontrer que « tout nouveau » ne rime pas forcément avec « tout beau ».

Réparer

Écologie : ♥♥♥♥ Économie : ♥♥♥♥ Mieux-être : ♥♥

Nous vivons dans un monde *Kleenex*. Nous achetons, nous utilisons, nous jetons. Soit parce qu'on s'est lassé de l'objet, soit parce qu'il est tombé en panne. Les appareils sont conçus de sorte que la panne survienne après l'expiration de la garantie. Cette stratégie, développée aux États-Unis dès les années cinquante, s'appelle « l'obsolescence programmée ». Elle revêt plusieurs formes dont l'une est *fonctionnelle* (on inclut dans l'appareil un élément plus fragile amené à flancher rapidement). Le service après-vente vous expliquera que même si la réparation est possible, il vous en coûtera certainement plus cher qu'un modèle neuf.

Reportez-vous au chapitre des échanges de service. Peut-être un ami est-il très habile de ses mains et saurait en quelques minutes remettre l'appareil en route. Sinon, tentez vous-même la réparation. Prenez l'expérience comme un jeu ou un défi : « Je vais trouver moi-même la panne, j'en suis capable, et tant pis si je n'y arrive pas, j'aurais au moins essayé. De toute façon, j'étais prêt à jeter l'appareil, je n'ai donc rien à perdre ». Souvent la panne est mineure et bien visible une fois le boîtier démonté. On trouve une pièce dévissée, un faux contact ou, tout simplement, de la poussière accumulée ou un corps étranger gênant le bon fonctionnement. Et lorsqu'il y a de la casse, il existe aujourd'hui des colles ultrafortes capables de ressouder ou fixer durablement la pièce défectueuse. Alors essayez ! Et si vous y parvenez, vous savourerez la joie d'être arrivé à faire vous-même ce qu'un SAV vous aurait facturé 100 €.

Un conseil. *De nombreux appareils sont aujourd'hui fermés à l'aide de vis à empreintes spéciales (trois ou cinq pans, étoile, etc) dans le but précis que vous ne puissiez pas accéder à l'intérieur des boîtiers. Procurez-vous un assortiment d'embouts spéciaux pour tournevis permettant de dévisser tous les modèles existants. Idéal pour réparer automobile, machines-outils, appareils électroménagers, appareils électriques ou électroniques !*

Réutiliser, recycler, récupérer

Écologie : ♥♥♥♥♥ Économie : ♥♥♥♥♥ Mieux-être : ♥♥

Chaque fois que vous le pouvez, donnez une seconde vie aux objets que vous vous apprêtiez à jeter. Vous éviterez d'encombrer vos poubelles et vous vous dispenserez d'acheter du neuf. De vieilles bouteilles, renversées au pied de certaines plantes, peuvent servir d'arrosage continu pendant vos vacances. Conservez vos anciens papiers cadeau qui pourront être réutilisés. Des barquettes plastique serviront de gamelles pour le chat ou de récipients à peinture pour le bricolage. Donnez vos boîtes à œufs vides à un producteur sur votre marché de plein air. Les anciens bocaux de confiture feront d'excellents rangements pour la visserie dans votre atelier. Vos vieux vêtements seront utiles à l'atelier ou au jardin. Les exemples ne manquent pas. Et si ce n'est pas vous même qui pouvez réutiliser, pensez à votre entourage. Il existe aussi des organismes qui récupèrent d'anciens matériels - électroménager, par exemple - pour les réparer et leur donner une deuxième vie. De plus, les faire travailler participe à créer des emplois, souvent en insertion.

Faire par soi-même

Écologie : ♥♥♥♥ Économie : ♥♥♥♥♥ Mieux-être : ♥♥♥♥

Pourquoi acheter des nappes, serviettes ou rideaux ? Il ne s'agit, après tout, que de quelques carrés ou rectangles de tissus. Procurez-vous donc du tissu au mètre, dont le prix est très modique, découpez-le aux dimensions et faites vous-même les ourlets à la machine à coudre. Vous réaliserez de substantielles économies et vous disposerez d'un plus grand choix de couleurs. Lorsque vous deviendrez expert(e) en machine à coudre, essayez de créer vos propres vêtements, certains sont très faciles à réaliser à l'aide de patrons.

Vous pourrez aussi fabriquer par vous-même quantité d'autres objets : des bijoux (colliers, boucles d'oreilles, bracelets, broches...), des objets de décoration (cadres, peintures, vases décorés, peinture sur tissu ou sur verre...) mais aussi vos propres produits d'entretien ou de maquillage (ces sujets sont développés dans les chapitres suivants). Les bricoleurs réaliseront des meubles simples, des étagères, des luminaires, des tables et bancs d'extérieur, un étendoir, des jeux pour les enfants, des cabanes dans les arbres... le plus souvent avec des matériaux de récupération. N'hésitez pas non plus à détourner des objets de leur vocation première.

Tout ce que vous aurez réalisé de vos propres mains trouvera plus de valeur à vos yeux. Vous prendrez de l'assurance dans votre capacité de créer et vos réalisations deviendront mois après mois plus abouties. Vous pourrez alors créer des cadeaux pour vos amis qui seront grandement appréciés, compte tenu du temps et du talent que vous y aurez investis, et de leur caractère unique.

Habile de vos doigts ? Coupez-vous les cheveux en famille. Il doit bien se trouver dans votre entourage un ou une amie qui a ce talent. Demandez-lui conseil et lancez-vous. Finies les dépenses de coiffure ! Raccourcir une frange, couper les pointes, faire une couleur... jouez les apprentis coiffeur. Et comme c'est en forgeant qu'on devient forgeron, plus vous vous exercerez et mieux vous maîtriserez cet art.

❐ **022** Je décide de fabriquer par moi-même les objets suivants :

-

-

-

❐ **023** J'apprends à couper les cheveux, je me fais conseiller par :

Réflexion sur la consommation et la crise économique

Nous connaissons actuellement l'une des pires crises économiques. De grandes banques font faillite, les bourses chutent vertigineusement, les entreprises licencient, le chômage explose. Pourtant, peu de voix s'élèvent pour remettre en question le libéralisme économique. Bien au contraire, les gouvernements s'évertuent à nous convaincre qu'il ne s'agit là que d'une crise passagère, que les fondements mêmes de l'économie libérale ne sont pas en cause et qu'il suffit, pour sortir de ce marasme, de reprendre confiance et surtout, de consommer, encore consommer et toujours plus consommer ! Seule une relance de la consommation peut sauver l'économie, pérenniser nos emplois et nous faire oublier cette mauvaise passe. Alors tous à vos caddies, et qu'ils soient bien remplis, comme avant, comme du temps où la croissance faisait les beaux jours des places financières.

Faut-il donc être un mauvais citoyen pour oser écrire un ouvrage vous invitant à moins consommer... Ai-je des scrupules ? Pas une seule minute. Voilà quarante ans que nos sociétés occidentales usent de toutes les ruses pour nous pousser à consommer plus que nécessaire. Les industriels ont inventé les produits Kleenex. Fini le bon vieux réfrigérateur, le téléviseur ou la chaîne hi-fi qui duraient trente ans. Pas bon pour le commerce ! Alors les ingénieurs ont concocté de nouveaux produits périssables, qui ne résistent guère que quelques mois au-delà de la garantie constructeur. Et pas question de réparer. Les boîtiers sont sertis, inviolables, ils ont inventé des vis que vos tournevis ne peuvent dévisser. Les SAV nous expliquent, narquois, qu'il sera plus onéreux de réparer que d'acheter du neuf. Alors on nous propose chaque année de nouveaux modèles, toujours plus sophistiqués, toujours plus fragiles, toujours plus Kleenex. Les médias et leurs donneurs d'ordre que sont les publicitaires veillent à ce que nous soyons toujours en manque de quelque chose et usent de tous les stratagèmes pour que nous nous précipitions sur la dernière nouveauté (dont nous n'avons que faire mais qu'il semble pourtant indispensable de posséder). Les banques et les sociétés de crédits prennent le relais en nous proposant sans vergogne de nous surendetter au-delà du supportable.

Tout cela dans un mépris total de l'écologie ! On pille les ressources naturelles de la planète. Des écologistes (pensez donc, de doux rêveurs illuminés) tirent le signal d'alarme depuis trente ans. Les lobbies se chargent de les faire taire ou de dénigrer leurs combats. Et voilà que le château de carte s'écroule. Aujourd'hui, de plus en plus de consommateurs avertis ont pris conscience de la supercherie et réagissent. Ils se tournent vers des solutions alternatives, réduisent leur consommation, redécouvrent le troc, s'affranchissent de la publicité pour retrouver enfin un peu de liberté. Et il faudrait leur jeter la pierre, leur faire porter la responsabilité de la crise et de la récession ? C'est aux gouvernements, aux financiers, aux industriels et aux grands distributeurs de revoir leur copie. Ils ont abondamment tondu la laine sur notre dos pendant des décennies, voilà qu'il n'y a plus de laine. Nous sommes les premières victimes et il faudrait que nous devenions aussi les responsables ? À eux de se remettre en question et d'imaginer un nouveau modèle économique vertueux, respectueux des individus et de la planète. À nous, citoyens (et accessoirement consommateurs), de trouver nos propres solutions. Elles passent par la simplicité volontaire et la frugalité. Nous devons enfin prendre conscience que notre bonheur ne dépend pas de la quantité de ce que nous achetons, mais de la qualité de notre vie et de notre enrichissement intérieur. Retrouvons dès maintenant notre autonomie en nous affranchissant autant que possible de cette société d'hyperconsommation, et advienne que pourra…

*Une chose est certaine : **ce seront les décroissants qui seront les mieux préparés, tant sur le plan matériel que psychologique, à supporter toute crise économique ou sociale !***

À lire

ARIES Paul, *Démarque-toi ! Petit manuel anti-pub,* Éditions Golias, 2004

DARSY Sébastien, *Le temps de l'antipub,* Éditions Actes Sud, 2005

MARIACCIA Stéphanie, *Le guide du consommacteur,* Éditions Sang de la Terre, 2008

SOLEN Guy, *Le guide du pouvoir d'achat*, City Éditions, 2008

Sur le web

http://antipub.org

www.casseursdepub.org

Les échanges, le tourisme et les vacances

Le XXe siècle a vu croître inexorablement le repli sur soi. Au fur et à mesure du développement des médias, sensés permettre une meilleure communication entre les hommes, nous avons *a contrario* assisté à une lente dissolution de la communauté, de la famille, du lien social. Nous nous renfermons, nous nous isolons du monde réel, de la vraie vie, des autres, tout enlisés que nous sommes dans les mondes virtuels. Nous n'allons pas ici dénigrer les progrès de la technologie, Internet et autres téléphones portables. Le progrès ne vaut que par ce que nous en faisons. Il peut nous apporter le meilleur comme le pire. Mais force est de constater que le lien social s'effrite. Pourtant, les rapports humains sont le sel de la vie. Que préférez-vous : tomber virtuellement amoureux par ADSL interposé ou serrer fort dans vos bras l'être aimé ? Que préférez-vous : envoyer un SMS à vos amis ou les réunir autour d'une bonne table, parler rire et chanter jusqu'à la fin de la nuit en leur compagnie ? La vraie vie est plus riche en émotions, plus palpable, la vraie vie est celle qui fait vibrer.

Les conseils que vous trouverez dans ce chapitre tourneront autour de l'échange, du lien, de la relation et du partage. Il n'est pas nécessaire pour cela de vivre à la campagne, dans un petit village où tout le monde se connaît. Même si vous habitez une grande ville impersonnelle et anonyme, vous allez reconstituer la tribu, celle des amis, de l'entraide, celle où l'on apprécie encore plus de donner que de recevoir.

Et quel bonheur d'avoir le téléphone portable ou MSN si c'est pour se fixer plus souvent rendez-vous et partager du temps ensemble !

Le partage de biens culturels

Économie : ♥♥♥♥ Mieux-être : ♥♥♥♥

Vous possédez 30 DVD. Si vous constituez un réseau, si vous avez un cercle de dix amis (ou parents, collègues, voisins…), vous avez alors 300 DVD à votre disposition. Sans dépenser un sou de plus.

Listez chacun vos titres sur un tableur, renvoyez le fichier mis à jour à l'ensemble des membres après chaque nouvelle acquisition, et il ne reste plus qu'à se passer un coup de fil lorsqu'on veut se faire une « toile » à la maison.

« Je voulais t'emprunter tel film, tu l'as toujours ? Tu l'as bien aimé ? Tu penses que je peux le regarder avec les enfants ? J'ai déjà vu un film de ce metteur en scène et j'ai adoré. Je pourrais te le passer… Je peux venir ce soir ? »

Et comme par hasard, votre ami(e) vous proposera un apéritif (parce que vous êtes passé chez lui,comme par hasard, à l'heure de l'apéritif). Et puis, tant qu'à y être, on pourrait se préparer un bon petit plat et regarder le film tous ensemble. Finalement, ce fut une excellente soirée. Et dire qu'il n'y a pas si longtemps, je serais resté planté, seul, devant la télé, à regarder une série abêtissante…

Ce qui est valable pour le DVD l'est tout autant pour la musique, les livres, voire les œuvres d'art. Avez-vous pensé accrocher au mur de votre salon une toile qui n'est pas à vous ? Réfléchissez à cette idée… Elle commence déjà à devenir séduisante.

En pratique. *Le E-mail est idéal pour échanger votre base de données. Pour les familiers de l'informatique, créez un site web dédié à ces échanges, accessible à votre entourage uniquement grâce à un mot de passe, et chacun, avec un accès réservé, pourra enrichir la base de données et même mentionner chaque emprunt ou prêt. À tout moment vous saurez chez qui se trouve tel film ou tel livre.*

Et pour peu que vous soyez l'un ou l'autre équipé d'un projecteur vidéo, organisez des soirées cinéma. Chacun apporte un plat, une bouteille. On peut même faire une soirée thématique : le film *L'Auberge Espagnole* tout en mangeant des tapas et une paella. Avez-vous pensé aussi à des projections en plein air, par une belle nuit d'été ? Le film *Gladiator*, tous déguisés en romains !

❐**024** J'adhère au partage de biens culturels. Je le propose à mon groupe d'amis. Je contacte :

-	-	-
-	-	-
-	-	-
-	-	-

Le partage de biens matériels – La mutualisation

Écologie : ♥♥♥♥ Économie : ♥♥♥♥♥ Mieux-être : ♥♥♥

Nous sommes maintenant à la campagne ou dans une zone pavillonnaire. Chacun a sa maison (toujours plus ou moins en travaux), son jardin, sa pelouse, quelques arbres... Avez-vous réellement besoin de votre propre tronçonneuse pour couper deux branches par an ? Et d'un taille-haie qui ne sert qu'une ou deux fois au printemps, et d'une bétonnière, d'un motoculteur, d'un nettoyeur haute pression, d'un rabot électrique... La liste est longue.

Achetez ces machines ou outils onéreux à plusieurs !

Comment faisaient autrefois les agriculteurs ? Ils ne possédaient pas chacun leur moissonneuse-batteuse. Ils l'achetaient en communauté, à huit ou dix voisins. Cette pratique est tombée en désuétude. Nous voulons chacun avoir notre propre outillage. Toujours ce besoin de posséder, pour soi tout seul. Et, si possible, plus beau, plus cher et plus performant que celui du voisin.

Achetez du matériel de qualité supérieure et à plusieurs. Vous envisagiez d'acheter une bétonnière à 200 € parce que vous ne pouviez pas y consacrer davantage ? Choisissez le modèle professionnel à 800 € en partageant cette somme entre huit voisins. Résultat de l'opération : une économie de 100 € pour chacun. Et l'histoire ne s'arrête pas là. Pierre doit faire une terrasse. Il appelle Denis : « C'est toi qui as la bétonnière ?

— Oui, répond Denis, tu veux couler cette dalle quand ?

— Samedi prochain !

— Ca tombe bien, je n'ai rien à faire, je peux t'aider, nous irons beaucoup plus vite à deux. Et tu pourras m'aider à monter cet été un petit muret au fond de mon jardin. C'est d'accord ? »

Pierre trouve l'idée excellente. « Bien sûr tu resteras manger avec nous à midi. » Mutualisation du matériel, donc, mais aussi des compétences, dans la joie et la bonne humeur ! Et voilà une corvée qui va se transformer en une journée sympathique, entre voisins. On apprendra à mieux se connaître, on parlera de tout et de rien, on s'invitera un de ces soirs. Et ce voisin deviendra peut-être, au fil du temps, l'un de vos meilleurs amis. En plus, il se trouve qu'en maçonnerie, il est nettement plus compétent que vous.

Une liste non exhaustive de produits rarement utilisés à acheter en commun : bétonnière - carrelette - chargeur de batterie - combiné à bois - débroussailleuse - décolleuse de papier peint - échelle haute – fendeuse de bûches - machines à boucher les bouteilles - meuleuse - motoculteur - nettoyeur haute pression - perforateur - pistolet à peinture - poste à souder - pulvérisateur - rabot électrique - remorque - rouleau - tables et bancs - taille-haie - tronçonneuse - vidéo-projecteur…

Complétez vous-même cette liste :

\- \- \-

❐ <u>025</u> Je retiens l'idée du partage de biens matériels.
Je le propose à mon entourage.

Le partage de services et les S.E.L.

Économie : ♥♥♥♥♥ Mieux-être : ♥♥♥♥

Chacun ses compétences. Les vôtres sont peut-être d'ordre intellectuel, d'autres ont de l'or dans les mains. Mettez vos compétences aux services des autres et bénéficiez des leurs. Cela commencera souvent par un simple échange de service : ma voisine vient m'aider à cueillir des fruits et faire de la confiture. En échange, je garde ses enfants quand elle veut s'offrir un restaurant en amoureux. Tout le monde a déjà pratiqué de tels échanges. Mais le concept peut aller beaucoup plus loin et s'appelle le SEL (Système d'Échange Local).

Un exemple vaut mieux qu'un long discours : Paul est informaticien mais piètre bricoleur. Il doit poser un carrelage dans son séjour. David sait carreler, mais ne parle pas un mot d'anglais, ce qui lui pose un problème, son fils ayant besoin de soutien dans cette matière. Margaret est professeur d'anglais à la retraite. Elle vient de s'acheter un nouvel ordinateur et elle ne sait pas le configurer. Mais, j'y pense, Paul n'est-il pas informaticien ?

Vous avez compris. Tout ce petit monde habite la même région (le "L" de SEL signifie *local*). Seul problème, ils ne se connaissent pas. Ils ne savent pas qu'à quelques minutes de chez eux se trouve une âme charitable disposée à les aider.

Les SEL sont des associations auprès desquelles vous pouvez adhérer, en indiquant vos compétences. Paul, Margaret, David sont membres de ce SEL, qui va les mettre en relation. Si Paul consacre trois heures à Margaret, il a un crédit de trois heures. David vient poser pendant trois heures du carrelage, Paul a utilisé son crédit. Mais le fils de David pourra bénéficier des cours d'anglais de Margaret. Ce qui s'échange là est du temps passé, peu importe que Paul ait un Bac + 5 alors que David a terminé ses études à 16 ans. Peu importe que le tarif horaire d'un informaticien soit supérieur à celui d'un carreleur.

Si un SEL existe près de chez vous, faites l'expérience. Une nouvelle occasion de créer des liens et de rencontrer de nouvelles personnes d'horizons différents. Sinon, adoptez l'idée et mettez-la en pratique au sein de votre cercle d'amis, voisins et parents.

C'est tout simplement du troc de service. Qui, bien entendu, irrite l'administration fiscale. En faisant poser un dimanche son carrelage par David, Paul lèse un artisan local. En prêtant votre motoculteur à votre voisin Gilbert, ce dernier n'aura pas besoin d'en acheter un tout neuf. Il s'agit donc d'une économie parallèle, démonétisée et qui échappe à toute fiscalité.

Après quelques épisodes houleux avec la Justice (procès contre un SEL en Ariège à la fin des années quatre-vingt-dix), il est considéré aujourd'hui que des échanges de services réalisés dans le cadre d'un SEL ne sont pas assimilés à du travail clandestin s'il s'agit d'une activité ponctuelle, non répétitive.

Pour en savoir plus sur les SEL: *www.selidaire.org.*

Une idée économique. *Pourquoi payer une baby-sitter pour garder vos enfants lorsque vous voulez vous offrir une soirée restaurant ou cinéma ? Associez-vous entre voisins et gardez-vous mutuellement les enfants lors de vos sorties. De plus, vous n'hésiterez pas à les laisser dormir sur place, ce qui vous permettra de faire la grasse matinée le lendemain.*

❐ **026** Je me renseigne sur les SEL près de chez moi.

❐ **027** Je préfère le mettre en place entre amis.

❐ **028** J'organise avec mon entourage un échange de service pour les gardes d'enfants.

Accueil et échange de logements

Nous avons envisagé jusqu'à présent, dans ce chapitre, les échanges entre amis, membres d'une famille, voisins ou proches. D'autres échanges sont possibles, notamment l'échange de logement dans le cadre de vacances, mais aussi pour des déplacements professionnels de longue durée.

L'échange de logement

Économie : ♥♥♥♥♥ Mieux-être : ♥♥♥♥

Il se pratique via Internet, sur des sites auprès desquels vous devez adhérer, moyennant parfois une cotisation annuelle très abordable. Vous y décrivez votre maison ou appartement, photos à l'appui, vous listez les sites touristiques à proximité. Vous habitez près des châteaux de la Loire et vous rêvez de découvrir la Corse ? Vous trouverez certainement une famille corse désireuse de visiter votre région. Échanges par messagerie, contacts téléphoniques ou rencontre, vous convenez de dates de vacances communes et vous échangez vos logements. L'économie est considérable. Trois semaines de location vous reviendraient à 1500 ou 2000 €. Votre résidence de vacances sera cette fois-ci gratuite. Si vous n'êtes pas dans l'optique de réaliser des économies, dites-vous alors que vous disposez de ce budget supplémentaire pour pratiquer pendant vos vacances des activités que vous n'auriez jamais pu vous offrir.

Vous hésitez à prêter votre maison ? On peut le comprendre. Il faut en effet une bonne dose de confiance. Pourtant les malveillances sont rarissimes car tout repose sur le principe de la confiance réciproque. De plus, vous prenez longuement le temps de faire connaissance avec vos interlocuteurs. Ceux qui pratiquent régulièrement ces échanges s'en félicitent et gardent souvent le contact. Ils sont les mieux placés pour vous convaincre.

Outre l'économie réalisée, cette option est très intéressante si vous avez un animal domestique, chat ou poisson rouge, que vos hôtes pourront nourrir et choyer s'ils sont d'accord (pour choyer le poisson rouge, le chat peut bien s'en charger...). Aucun souci non plus pour arroser les plantes d'intérieur ou le jardin potager. Enfin, votre maison étant occupée le temps des vacances, vous diminuez les risques de cambriolage.

Un conseil*. Gardez une pièce de votre logement fermée à clé. Vous pourrez y entreposer quelques objets de valeur, le vase de Chine de votre arrière-grand-père, votre journal intime ou votre collection de timbres...*

Incitez vos enfants à laisser à disposition les jeux ou jouets qui ne sont pas particulièrement fragiles. Ils seront très heureux de bénéficier de la réciproque. Vous leur apprendrez ainsi la confiance et le partage.

C'est le cap de la première fois qui est difficile à franchir. Faites l'essai, vous ne le regretterez pas. Les échanges ne sont pas uniquement franco-français. Vous pourrez visiter le monde entier. N'oubliez pas l'attrait touristique que représente notre pays. Vous recevrez des propositions du Japon, du Canada, d'Australie, de toute l'Europe... Vous pourrez visiter de nombreux pays même si votre budget est serré.

Pour tout renseignement, nous vous conseillons une visite des sites web suivants (il en existe bien d'autres) :

www.switchome.com (gratuit) *www.echange-maison.net*

www.trocmaison.com *www.echangedemaison.com*

www.echangeimmo.com

Cet échange ne se limite pas aux vacances. Il se pratique aussi entre personnes amenées à travailler à l'étranger pendant une longue période. Vous avez un contrat pour travailler deux ans à Montréal, il se trouve que pour la même période, une québécoise de Montréal peut vous laisser son logement, elle-même ayant trouvé un poste à Bruxelles, et notre ami belge (qui recevra la Québécoise) vient de signer un contrat pour Paris (il logera, vous l'avez compris, dans votre appartement). Via Internet, ce type d'échange multipartite devient réalisable.

❒ **029** J'essaye l'échange de logement. Je m'inscris avant le :

Recevoir des touristes chez soi (le couch surfing)

Économie : ♥♥♥♥♥ Mieux-être : ♥♥♥♥♥

Le principe est légèrement différent. Toujours sur Internet, vous vous inscrivez sur un site répertoriant des personnes pouvant accueillir des touristes, sans location, sans contre partie. Vous avez une chambre d'amis, rien ne vous empêche alors de recevoir un couple de touristes argentins en visite en France. Vous les accueillez gratuitement chez vous quelques jours. On appelle cela le *Couch Surfing*.

Et lorsque vous-même partez en vacances (pas forcément en Argentine, mais n'importe où dans le monde), vous prenez contact avec un habitant du pays inscrit sur ce même site et il vous recevra (si toutefois il est disponible à cette période).

L'intérêt du *Couch Surfing*, par rapport à l'échange de logement, est qu'il présente beaucoup moins de contraintes. Tout comme pour le SEL, l'échange n'est pas bilatéral. Inutile d'avoir les mêmes dates de congés. Vous faites partie d'une espèce de grande « fraternité d'accueil ». Le service que vous aurez rendu à ce couple d'Argentins, ce seront peut-être des Hongrois ou des Africains du Sud qui vous le rendront. On ne compte pas dans ce type d'échange. Il ne s'agit pas de prêter autant de fois ou aussi longtemps qu'on est accueilli. On se met tout simplement à la disposition des autres.

Les échanges ainsi réalisés sont extraordinairement enrichissants. Vous découvrirez des personnes venant d'horizons multiples, parlant d'autres langues et riches de leurs différences.

Ceux qui pratiquent ce mode d'échange vous diront combien ils l'apprécient. Ils font tout leur possible pour se rendre disponibles et faire découvrir à leurs invités leur ville ou leur région. Ils s'improvisent guide de leur propre ville, de leur propre pays, profitant de cette occasion pour mieux le découvrir eux-mêmes. Les enfants font connaissance entre eux et appréhendent de nouveaux horizons culturels.

Nous vous conseillons le site : *www.couchsurfing.com* ou *www.echange-maison.net/couch-surfing.php*

❒ 030 Je m'inscris sur un site de *Couch Surfing* avant le :

Tourisme équitable ou solidaire

Écologie : ♥♥♥♥ Économie : ♥♥ Mieux-être : ♥♥♥♥♥

Puisque nous abordons le voyage et les échanges, on ne peut passer sous silence une manière différente de voyager : le tourisme équitable, solidaire ou humanitaire.

Beaucoup de touristes partent pour un pays lointain et n'auront de cesse d'amortir leur déplacement. Ils parcourront ce pays de long en large, chaque jour dans une ville différente, chaque nuit un nouvel hôtel et, au bout du compte, des milliers de kilomètres parcourus. Certes, ils auront visité tout ce que leur guide préconisait, mais n'auront eu aucun contact avec la population locale, ou si peu, ou si superficiels. Pour rencontrer les habitants du pays, il faut en prendre le temps et oublier toute condescendance. Il faut vivre quelques temps avec eux, comme eux. Car vous êtes comme eux, même si tout vous sépare, même si votre revenu quotidien est peut-être l'équivalent de leur revenu mensuel, voire annuel. Vous faites partie de cette même famille des humains. Et si vous êtes conscient de votre chance d'avoir des revenus confortables, pourquoi ne pas en faire profiter les plus démunis ?

Des organismes proposent des voyages équitables. Vous êtes logés chez l'habitant dans un petit village malien ou cambodgien, par exemple. Vous aidez à la construction ou à la réhabilitation d'une école, vous installez un puits ou un système d'irrigation... Les projets ne manquent pas. Les bras et l'argent plus souvent. Ces vacances-là (s'il faut les appeler des vacances) resteront à jamais gravées dans votre mémoire. Cette expérience sera inoubliable.

Quelques organismes proposant du tourisme équitable, la liste n'est pas exhaustive :

www.tourismesolidaire.org

http://tourisme-solidaire.uniterre.com

www.ecotours.fr

www.visiondumonde.org

❐**031** Je choisis une destination (ou une cause) pour de futures vacances équitables :

Des vacances zen

Écologie : ♥♥♥♥♥ Économie : ♥♥♥♥ Mieux-être : ♥♥♥♥♥

Certes, les grands voyages au bout du monde sont très enrichissants et vous font découvrir d'autres civilisations, d'autres modes de vie desquels nous avons souvent beaucoup à apprendre en matière de simplicité. Mais pourquoi ne pas envisager aussi des vacances version « simplicité volontaire » ? Partez donc à la campagne à quelques dizaines ou centaines de kilomètres de chez vous, dans une région que vous ne connaissez pas encore. Trouvez un logement chez l'habitant ou un gîte rural. Emportez vos vélos et de bonnes chaussures de marche, beaucoup de livres et relaxez-vous vraiment. Pas de programme chargé avec des sorties tous les jours et tout un circuit de visites. Laissez-vous vivre, ne vous fixez pas d'horaires, vivez au fil du temps, partez en promenade à travers champs et bois, découvrez le pays à vélo, arrêtez-vous dans des fermes acheter les produits du terroir, parlez avec les gens, intéressez-vous à leur travail et à leurs conditions de vie. Coupez le téléphone portable, bannissez l'ordinateur et autres consoles de jeux, proscrivez la télévision, n'utilisez qu'au minimum votre voiture. De telles vacances sont une occasion inégalée de vous ressourcer et d'évacuer en quelques jours tout le stress accumulé.

Des vacances à dos d'âne

Il existe des « asineries » (fermes qui élèvent des ânes) qui font aussi gîte rural. Idéal si vous avez de jeunes enfants. L'asinerie met à votre disposition un âne pour vos balades en campagne. Vos enfants apprennent à le brosser et à le seller. C'est parti pour une promenade avec votre compagnon à quatre pattes. Il porte vos bagages et votre pique-nique sur son dos. Lorsque les enfants sont fatigués de marcher, ils montent à dos d'âne. Si vous hésitez à entreprendre de longues balades car vos enfants sont jeunes ou n'aiment pas trop marcher, cette solution permet de randonner avec eux une journée entière sans difficulté. Voir le site : www.asinerie.net qui pourra vous aider.

❒ <u>032</u> Je programme des vacances écologiques. Je choisis la région :

Découvrir le naturisme

Mieux-être : ♥♥♥♥

Les vacances sont une occasion idéale pour découvrir le naturisme, qui est une invitation au retour à la nature et à la vie saine. Nombreux sont ceux qui pratiquent déjà la nudité chez eux, ou en pleine nature dans des endroits sauvages. Ils ont pu ainsi apprécier le bien-être que cela procure. Quant aux autres qui n'ont jamais essayé, bien des idées reçues et autres tabous souvent les en empêchent. Il est impossible à qui ne l'a jamais pratiqué de prendre conscience du bien-être et du sentiment de liberté ressentis. Le propos n'est pas de vous inciter à tout prix à faire du naturisme. Mais si l'occasion se présente, laissez tomber tout a priori (en même temps que tout vêtements) et tentez l'expérience. Préférez, pour une pratique saine et familiale, les lieux de vacances naturistes agréés par la Fédération française de naturisme.

Plus de renseignements sur www.ffn-naturisme.com

❒**033** Je découvre le naturisme à l'occasion de prochaines vacances.

À lire

BAYON Denis, *Les S.E.L. : pour un vrai débat,* Éditions Yves Michel, 1999

COLLECTIF, *Le Guide des S.E.L et du J.E.U : systèmes d'échange local et jardin d'échange universel,* Éditions JMG, 2004

GUILLAIN France, *Le bonheur d'être nu,* Éditions Albin Michel, 1997

LA GRANGE Christian, *Habitat groupé,* Éditions Terre Vivante, 2008

LECUYER Philippe, *Guide des vacances écologiques,* Éditions du Fraysse

VIALFONT Stéphanie, *Tourisme équitable,* Éditions Jouvence, 2008

La culture et les loisirs

Nous vous avons invité à faire le vide dans votre maison, mais qu'en est-il de votre vie, de vos activités, de votre emploi du temps ? Si certains remplissent leur maison d'objets, d'autres ont un besoin irrépressible d'occuper la moindre minute de leur temps. Après s'être éreintés au travail, ils auront besoin de pratiquer deux ou trois activités sportives chaque semaine, autant d'activités culturelles et compléter le tout par un samedi entier de shopping. Et le dimanche ? Pas question d'oisiveté, il faudra bouger, faire à tout prix quelque chose, prendre la voiture, sortir, courir, s'activer coûte que coûte. Autre boulimie, tout aussi pernicieuse.

Et le temps libre dans tout ça ? Et la sieste ? Et la pause dans la chaise longue avec un livre de votre auteur préféré ? Et la pause amoureuse avec votre chéri(e), la pause câlin, la séance de massage ? Le hamac au fond du jardin, les yeux clos à écouter le chant des oiseaux ? Ce temps-là n'est jamais perdu, il est salutaire et régénérateur.

Si vous en êtes convaincu, si cette oisiveté est bonne pour vous, elle est excellente aussi pour vos enfants. Ne les inscrivez pas à toutes sortes d'activités. S'il est profitable de leur faire découvrir un sport ou un instrument de musique, ne tombez pas dans la surenchère. Il est préférable de persévérer longtemps dans une même activité que d'en survoler plusieurs.

Laissez-les parfois s'ennuyer. Si votre enfant tourne en rond et ne sait que faire, tant mieux pour lui. Ne culpabilisez pas. Cet ennui se transformera en créativité et décuplera son imagination.

Bannissez de votre maison les dévoreurs de temps tels que télévision, ordinateur ou console de jeux. Modérez, pour vous comme pour vos enfants, le temps de leur utilisation. L'ordinateur est très pratique, la télévision parfois très instructive ou divertissante, mais n'en prenez que le meilleur.

Préférez la lecture. Elle développe beaucoup plus l'imaginaire. Et elle est quasiment gratuite. Inscrivez-vous à la bibliothèque de votre commune et dévorez toutes sortes de livres, découvrez de nouveaux auteurs, empruntez des essais, des ouvrages de réflexion sur la société, l'économie, l'écologie ou la politique. Prêtez vos ouvrages à vos amis, empruntez les leurs, faites circuler vos livres coup de cœur. Et ne tombez pas dans le travers de la mode : vous pouvez très bien ne pas avoir envie de lire le dernier Goncourt ou Renaudot. Ce n'est pas une faute de goût.

Libérez vos livres ! Ils sont faits pour être lus, non pour être stockés au fond d'une bibliothèque sous une couche de poussière. Prêtez-les, offrez-les, donnez-les à une bibliothèque locale.

Préférez la presse qui offre du sens, la presse libre de pub, celle qui porte un regard lucide sur notre monde. D'excellentes revues proposent des articles de fonds que vous pourrez relire avec autant d'intérêt des mois ou des années plus tard. Variez vos sources d'information !

Fuyez les radios assourdissantes où les animateurs ont un débit de parole effréné, ces radios qui restent allumées en permanence juste pour créer une présence, un bruit de fond. Préférez le silence, ou choisissez un vrai programme que vous écouterez attentivement. De nombreuses radios alternatives existent et diffusent des émissions passionnantes, des programmes culturels ou musicaux originaux et hors des sentiers battus.

Parlons d'Internet : extraordinaire média si tant est que nous ayons suffisamment de discernement et d'esprit critique. Le meilleur comme le pire est à disposition. Et si vous choisissiez le meilleur ?

En bref, ne soyez pas un consommateur passif de médias. Ils sont votre ouverture sur le monde et non des gadgets tout juste bons à tuer le temps.

Désengagez-vous

Désengagez-vous de tout ce que vous ne faites qu'à moitié : démissionnez de tous les clubs, associations, comités, organismes, conseils d'administration auxquels vous adhérez sans motivation, desquels vous manquez trop souvent les réunions. Ne conservez que les activités dans lesquelles vous vous investissez avec une véritable motivation. De la même manière, résiliez les abonnements à des revues que vous ne lisez jamais ou trop superficiellement, à des clubs de livres qui deviennent davantage une contrainte qu'un plaisir…

❒ <u>034</u> Je cesse les activités suivantes afin de me libérer du temps :

- -
- -

Éloge de la paresse… et de mon chat

Nous vivons à 100 à l'heure, dans une hyper activité qui est devenue en quelque sorte la norme, le modèle de vie. Honte à celui qui ralentit le rythme, qui se pose, qui fait une pause, qui paresse… La vie est courte, nos jours sont comptés, nous devons donc en faire un maximum avant l'échéance fatale. Avant quoi ? Avant le costume en sapin dans lequel nous n'emporterons rien ?

Pourquoi le chat passe-t-il l'essentiel de son temps à dormir, à flâner, à ronronner avec insouciance ? Parce qu'il n'a pas conscience de la mort, de sa propre mort. Il a l'éternité devant lui. Paresser n'est donc pas pour lui une perte de temps mais simplement un moment de bien-être et de relaxation. Seule la faim (ou le jeu) le distraira de sa nonchalance. Le chat ne sait pas qu'il va mourir. Sommes-nous capables d'un tel détachement ? Voilà un beau défi…

Le livre et la bibliothèque

Le livre est l'un des biens les plus précieux qui soit offert à l'homme. Il couvre tous les champs du savoir, de la philosophie à la fiction en passant par la vie pratique. Le livre est le loisir le plus écologique dans tous les sens du terme. Quoi qu'on en dise, sa production ne menace pas la forêt (la pâte à papier provient essentiellement de forêts nordiques exploitées de manière durable, et répondant aux normes PEFC ou FSC, soit un arbre replanté pour chaque arbre abattu). Les imprimeurs ont tous adopté des chartes de respect de l'environnement et tous leurs déchets sont recyclés sans exception. Le livre a une durée de vie presque éternelle et peut franchir en tout cas plusieurs générations sans perdre pour autant de son intérêt. Une fois produit, il ne nécessite aucune énergie pour être utilisé (contrairement à la télévision ou à l'ordinateur). Il se transporte aisément partout ou presque, s'offre, s'échange, s'achète d'occasion et se revend.

Le livre est-il cher ? Compte tenu de tout ce qui a été dit précédemment, on ne peut pas l'affirmer. Un livre neuf, de format standard, coûte moins cher qu'un vêtement de base que vous ne porterez au mieux que quelques années, qu'un repas au restaurant déjà digéré le lendemain matin. Un livre de poche est moins cher qu'une place de cinéma ou qu'une boisson à la terrasse d'un café. Et que dire des livres d'occasion que l'on trouve par milliers chez les bouquinistes ou dans les brocantes pour un euro symbolique ! Pour ceux qui n'ont ni les moyens, ni la place pour les stocker, les bibliothèques sont là pour proposer des milliers de titres pour une adhésion annuelle dérisoire. Alors non, définitivement non, l'accès à la lecture n'est pas hors de portée, même pour les plus démunis.

Parlons maintenant de la lecture : c'est l'activité la plus respectueuse de votre propre rythme. Vous lisez à la vitesse qui vous convient, vous pouvez revenir quelques pages en arrière, vous arrêtez quand vous le souhaitez (ce qui n'est pas le cas pendant une pièce de théâtre, un film au cinéma ou à la télévision). Votre imaginaire est beaucoup plus sollicité. Le choix est immensément plus vaste que pour le cinéma ou la musique (60 000 nouveautés paraissent chaque année rien qu'en langue française). Alors prenez le temps de lire, faites circuler vos livres, partagez vos coups de cœur et surtout, initiez vos enfants à la lecture. C'est l'un des plus beaux cadeaux que vous puissiez leur faire. Un enfant qui n'aime pas lire, ça n'existe pour ainsi dire pas. La littérature est si vaste que vous pourrez accrocher l'enfant le plus récalcitrant parce qu'il existera toujours un auteur ou un style de littérature qui lui conviendra. Combien ont découvert le livre par les mangas ou Harry Potter...

❐**035** Je m'inscris à la bibliothèque la plus proche.

❐**036** J'inventorie mes livres et je les fais connaître à mes enfants et mes amis.

❐**037** Je tiens à jour un cahier sur lequel je note tous les livres que j'ai lus avec mes impressions, remarques et analyses.

Écrire

Vous ne vous en sentez pas capable ? Ne vous sous-estimez pas. Franchissez le cap, prenez votre plume et lancez-vous. C'est une activité très enrichissante qui développe beaucoup l'imagination, vous contraint à une certaine rigueur et améliorera votre orthographe et votre syntaxe. Ne vous fixez pas comme but de vous faire publier. Les chances sont très réduites. Vous pouvez écrire pour votre propre plaisir ou pour faire partager votre prose à vos amis. Vous pourrez aussi mettre en ligne vos textes sur le web.

Écrivez un roman, écrivez une fiction qui met en scène, par exemple, des personnes de votre entourage évoluant dans des lieux familiers. Inventez un polar qui se passe dans votre ville, brodez autour d'un fait divers local. Imaginez un roman qui mette en scène l'ensemble de vos amis : vous leur faites jouer des rôles scabreux, vous laissez délirer votre imagination sans frein. Une fois terminé, vous leur offrez vos élucubrations et vous en rirez ensemble.

Écrivez l'histoire de votre famille. Interviewez vos grands parents, grands oncles, les aïeux de votre famille proche comme éloignée. Demandez-leur de vous livrer leurs souvenirs d'enfances, émaillés d'anecdotes. Reconstruisez le puzzle, confrontez les souvenirs des uns et des autres. Aidez-vous de leurs albums photos pour raviver leur mémoire. Pensez que, grâce à vous, cette mémoire ne disparaîtra pas avec eux. De plus, mieux connaître ses origines et l'histoire de sa famille permet souvent de mieux se comprendre. En effet, vous pouvez souffrir de certains blocages psychologiques qui ont une origine familiale remontant à vos ancêtres. Les identifier, c'est déjà commencer à les guérir.

Un conseil de lecture :
J'écris ma vie, de Pierre Ripert, Éditions Delville.

La télévision

En tout premier lieu, avant de disserter sur notre chère boîte à images, une première question essentielle : où se trouve votre poste de télévision ? Je vous conseille de le proscrire de la salle à manger. Prendre un repas en regardant le petit écran (maintenant devenu souvent immense) est une aberration à tous les niveaux. Votre attention est mobilisée par l'image au lieu de se porter sur la saveur des aliments, leur présentation et la présence des convives. Moins vous serez attentifs à vos aliments et plus leur assimilation sera difficile. Il faut manger en conscience. Enfin, le repas est un moment fort de convivialité et se suffit à lui-même pour ne pas avoir besoin de distraire bêtement vos autres sens.

Pour en revenir à la télévision, l'information des journaux d'actualité est souvent superficielle et privilégie plutôt le sensationnel et la puissance des images. Le journal télévisé est mis en scène tel un spectacle. Aucune hiérarchie n'y est respectée. Un non-événement politique nombriliste franco-français (une petite phrase choc de tel leader politique) sera commenté et débattu démesurément et occultera un problème bien plus fondamental de famine dans le monde, par exemple. On parlera pendant des jours et des jours de tel enfant disparu, de telle jeune femme violée ou de tel crime de sang alors que ces événements (certes très malheureux) surviennent chaque jour dans notre pays et ne constituent en rien une information de premier plan. Le journal TV est là pour faire de l'audience à n'importe quel prix et au moyen d'images choc, hélas pas de vous proposer une information objective. Alors qu'on fait tout pour éloigner les jeunes des films de fiction violents ou pornographiques, on les soumet sans scrupule à la violence d'un journal de 20 heures tragiquement insoutenable (violence crûment réelle). N'est-ce pas une autre forme de pornographie ?

Préférez la radio (du moins certaines stations) car aucune brutalité de l'image ne vient altérer votre sens critique. Les journalistes y sont généralement moins superficiels. Préférez encore davantage la presse de qualité, si possible la plus internationale possible (on ne peut avoir une idée objective de sa propre condition qu'en la relativisant par rapport à ce qui se passe ailleurs dans le monde). Il est également savoureux de découvrir comment les pays étrangers relatent et commentent l'actualité de notre propre pays.

Sélectionnez certains excellents sites Internet où des journalistes indépendants commentent remarquablement l'actualité ou les faits de société.

Une astuce pour maîtriser son temps télévisuel. *Nous passons en moyenne quatre heures par jour devant la télévision. Pourtant, vous en avez parfaitement conscience, vous ne passez pas toutes ces heures devant des programmes de qualité, ni choisis. Bien souvent, ce temps télévisuel ne répond qu'à un besoin de détente, bien calé au fond de son fauteuil, une boisson à la main. L'intérêt de ce qui est diffusé n'est finalement que secondaire. On se saoule d'un flux incessant d'images qu'on fait varier à volonté grâce à la magie de la télécommande, et qui n'a d'autre objectif qu'une distraction vaguement soporifique. Pour preuve, combien s'endorment devant le petit écran ! Nous décrivons là une attitude totalement passive face à ce média hypnotique, attitude que l'on peut retrouver également, dans une* *moindre mesure, devant son poste de radio.*

Gardons le fauteuil moelleux, la boisson rafraîchissante, mais devant une émission choisie au préalable en fonction de vos centres d'intérêt. La méthode est simple. Vous êtes abonné à un programme TV (choisissez-en un proposant du rédactionnel de qualité). Dès sa réception, feuilletez-le en famille et notez les émissions les plus intéressantes diffusées sur toute la semaine. Un ou deux films, un documentaire, un débat, peu importe, pourvu que ce choix se restreigne au meilleur. L'objectif étant de ne regarder que des programmes de qualité, dignes d'intérêt et surtout en quantité modérée. Une fois cette sélection faite, respectez la sans débordement. Faites en sorte de réserver plusieurs soirées par semaine sans télévision, vous avez tant à faire (ou à ne rien faire) par ailleurs.

Si vous n'avez pas d'abonnement, les programmes TV sont gratuitement disponibles sur Internet.

❐**038** Je proscris la télé de la salle à manger pour la placer dans une pièce de la maison moins fréquentée.

❐**039** J'invite mes enfants à découvrir des médias alternatifs, indépendants et objectifs.

❐**040** Je fais le tri dans mes abonnements presse et choisis des revues riches de sens. Exemples : -

- - -

❐**041** Je choisis à l'avance pour toute la semaine les émissions dignes d'intérêt et je ne regarde que celles-là.

❐**042** Je mets en favoris sur le web quelques sites informatifs et critiques de qualité auxquels je me réfère régulièrement. Exemples :

- - -

Parler, échanger, communiquer

N'avez-vous pas souvent l'impression, dans nos villes occidentales où nous côtoyons des milliers ou des millions de nos contemporains, de mener une vie de solitaire, pour ne pas dire de sauvage ? Nous nous apercevons à peine, nous nous croisons sans un regard, sans un échange, nous nous ignorons superbement, nous nous enfermons égoïstement dans notre bulle. Nos bus et wagons de métros sont bondés de gens qui évitent de se parler, de se regarder. Est-ce là le fruit de notre civilisation occidentale ? Est-ce cela la *civilisation* ?

Vous arrivez sur un quai de métro ou dans une salle d'attente, une personne est déjà assise. Vous vous asseyez à quelques sièges d'elle. Vous asseoir à côté d'elle alors qu'il y a d'autres places libres sera ressenti comme une agression. « Que me veut-il, ne peut-il me laisser tranquille ? Je ne le connais pas, pourquoi vient-il s'asseoir à mes côtés ? Va t-il me demander quelque chose, m'importuner ? » Voilà ce que nous pensons au fond de nous-mêmes.

Prenons le même scénario dans un pays du Sud. S'il y a dix sièges libres et un seul occupé, le nouvel arrivant ira s'installer *à côté* de la personne déjà assise. S'asseoir plus loin serait ressenti comme une indélicatesse, une impolitesse ou du mépris. « Pourquoi m'ignore t-il, pourquoi ne veut-il pas parler avec moi, pour qui se prend-il pour me snober ? » Et ces deux-là, une fois assis côte à côte, vont toujours trouver des choses à se raconter. Comme ça, pour rien, pour passer le temps, pour le plaisir d'échanger, d'être sociable, pour un sourire, un mot gentil. Pour rendre chaque instant de la vie un peu plus empreint d'humanité.

Nous vivions comme cela dans nos campagnes. Nos anciens se retrouvaient sur la place du village, au café, sur un banc public, autour de la fontaine, bavardaient, riaient, disaient parfois du mal du voisin absent, certes, mais qu'importe… Cette vie sociale était le ciment de la communauté, la solidarité et l'entraide en étaient les règles.

Apprenons à retrouver cette spontanéité. Si vous abordez votre voisin de siège dans le métro pour bavarder, peut-être va t-il vous rembarrer. Ou peut-être pas, bien au contraire. Vous passerez alors une demi-heure de transport à échanger avec un ou une inconnue, à parler de tout et de rien. Le voyage passera bien plus rapidement et vous quitterez ce métro en échangeant une politesse et un sourire avec cet inconnu (qui le sera du coup un peu moins). Pourquoi ne pas essayer ?

Une fête à thème

Mieux-être : ♥♥♥♥♥

S'offrir des cadeaux, manger, boire, rire en se racontant des histoires, c'est très agréable, mais il existe bien des idées pour que votre fête entre amis prenne une dimension plus sympathique.

Quelques idées en vrac

Suggérez à chaque convive de venir avec un texte de chanson, qu'il aura rédigé lui-même, sur le thème de la fête en question. Il faut écrire un texte se calquant sur une chanson dont l'air est connu de tous. Vous en faites quelques copies afin que chacun puisse la chanter avec vous.

Si vos amis n'ont pas tous la plume alerte, demandez-leur de trouver un texte sur un thème particulier, texte qu'ils choisiront dans un livre (mais qu'ils peuvent aussi rédiger eux-mêmes). À tour de rôle, tout au long de la soirée, chacun lira ses quelques pages, s'essayant à des interprétations originales et théâtrales.

D'autres jeux peuvent se préparer à l'avance : imaginez un roman à plusieurs mains. Vous commencez à écrire le début d'une intrigue (une quinzaine de lignes) et vous suggérez deux axes de développement différents. Vous envoyez ce texte à des amis qui devront choisir une des deux options et continuer l'histoire d'une quinzaine de lignes supplémentaires, la terminant à leur tour par deux autres options. Ils l'envoient au troisième convive qui se prêtera au même exercice et ainsi de suite, le dernier ayant pour mission de trouver la chute. Cette histoire, à n'en pas douter rocambolesque, sera lue lors de la soirée entre amis. On devra bien sûr deviner qui est l'auteur de chaque passage.

❒<u>043</u> J'organise une soirée à thème le :

Le thème choisi sera :

La famille et les amis

L'amitié est le sel de la vie. On ne peut pas vivre renfermé sur soi-même et isolé de tous… L'amitié est l'une des valeurs fondamentales tout à fait complémentaire à l'amour. Et si, c'est bien connu, les amours ne durent pas toujours, il est des amitiés bien plus fortes qui perdurent une vie entière. L'amitié peut être un antidote salutaire contre la dépression et autres coups durs.

Avez-vous de vrais amis ?

Quelques clés pour les reconnaître : vous pouvez sonner à leur porte à tout moment en cas de problème, ils vous accueilleront et vous aideront dans la mesure du possible.

Vous pouvez leur dévoiler, en toute confiance, des problèmes intimes afin de recueillir leurs conseils.

Vous ne les jalousez jamais ni ne les traitez avec condescendance. Vous ne rivalisez jamais avec eux, seule compte l'amitié qui vous lie, au-dessus de toutes notions d'origine, de classe sociale, de sexe, d'âge ou d'argent.

Vous ne les avez pas choisis pour servir de faire-valoir. Qu'importe que vous ayez un ami polytechnicien ou éboueur (ou les deux), pourvu que les sentiments qui vous lient soient sincères.

Votre sociabilité ne se mesure pas non plus au nombre de vos amis (ou de ceux que vous qualifiez de tels). Vous avez tous rencontré une fois ou l'autre dans votre entourage quelqu'un se vantant d'avoir des tonnes d'amis, souvent des notables, de les tutoyer tous et de partager leurs confidences. Qu'en est-il réellement ? Ces vagues connaissances (rencontrées fortuitement à deux ou trois reprises) méritent-elles le qualificatif d'ami pour la simple raison que vous avez échangé votre numéro de portable ?

Privilégiez la qualité de la relation au nombre. Il est préférable d'avoir trois ou quatre vrais amis, fiables et solides comme des rocs, qu'une foultitude de vagues connaissances qui vous laisseront tomber au premier écueil.

Mais comment se faire de vrais amis ? S'il n'y avait qu'une recette, ce serait sans doute celle-ci : être toujours franc, jamais calculateur, être soi-même sans jamais fausser son image, avec ses qualités et ses faiblesses, écouter beaucoup, faire preuve de compassion, se dévoiler sans aucune crainte, se mettre à nu, pardonner sans rancune. Nous sommes tous pareils, avec chacun nos peurs, nos joies et nos secrets. Ce qui peut vous sembler indicible ne doit pas l'être si votre ami fait preuve d'une réelle écoute. Donnez sans rien espérer en retour, partagez sans attendre de remerciements. Si vous cultivez une attitude naturelle et spontanée envers les autres, vous attirerez à vous des personnes partageant le même état d'esprit et la même ouverture. Alors naîtront de profondes amitiés qui ne vous décevront pas.

Débarrassez-vous des relations toxiques

Attention aux faux amis. Nous avons tous autour de nous des relations qui ne sont pas fondées sur une réelle amitié désintéressée, des relations qui font intervenir un certain rapport de force, qui sont empreintes de jalousies, qui reposent sur un dû, qui sont envahissantes, bref, qui nous « bouffent la vie ». On appelle cela ***des relations (ou personnes) toxiques****. Mais pourquoi donc les conserver ? Est-ce réellement si difficile que cela de s'en libérer ? Listez ces personnes et posez-vous pour chacune la question : qu'ai-je à gagner ou à perdre à maintenir cette relation ? Il en est qui sont difficiles voire impossibles à rayer de la liste (employeur, famille, enfant, conjoint) mais pour bien d'autres, franchissez le pas. Comment faire ? Deux solutions : prenez de la distance, ne répondez pas, laissez passer le temps et cette relation toxique finira sans doute par s'éteindre* *d'elle même. Une autre solution, moins lâche, est l'affrontement pur et simple, verbal ou épistolaire. Dites clairement à cette personne que vous ne souhaitez plus entretenir de relations avec elle pour telle et telle raison. C'est souvent plus facile à faire par écrit, vous avez le temps de choisir les mots justes, les bons arguments sans être émotionnellement perturbé.* ***Une règle d'or : n'occupez plus jamais votre temps à penser à des personnes que vous n'aimez pas !***

Le couple

Pourquoi parler du couple dans un ouvrage sur la simplicité volontaire ? Ce chapitre n'est pourtant pas hors sujet car vivre simplement, oui, mais pour *vivre mieux*. Et il vous sera bien difficile de vivre mieux si votre vie de couple est désastreuse, si la relation à votre partenaire se ternit, si se développent doutes, tiraillements, agressivité et rapports de force.

Alors comment peut se traduire la simplicité volontaire au sein du couple ? La règle essentielle est de ne pas trop attendre de l'autre. Nous avons tendance à chercher en l'autre la perfection et la pleine satisfaction de notre idéal. Nous souhaiterions un partenaire parfait, à l'image des clichés que véhiculent les médias : toujours plus beau, plus jeune, plus riche et plus intelligent (j'allais oublier *plus bronzé...*). Et si votre seul critère de choix d'un conjoint est sa plastique, vous vous fourvoyez. Les années passant, il s'avèrera que sa douceur de caractère deviendra bien plus prépondérante que son physique (le sien tout comme le vôtre étant amenés naturellement à perdre de sa superbe). Le partenaire idéal n'est pas de ce monde. Si vous vous mettez en quête de le trouver, cette quête ne prendra jamais fin et la solitude en sera le terme.

Donnez sans attendre en retour. C'est la meilleure manière de recevoir plus qu'on ne peut espérer. L'altruisme contre l'égoïsme, voilà une première règle d'or. Respectez la différence ! Nous ne sommes heureusement pas tous formatés sur le même modèle. Ce qui vous paraît être la norme ne l'est pas forcément pour l'autre. Respectez ses choix, ses engagements et laissez-lui sa liberté. Rien n'est pire que de se sentir prisonnier au sein de son propre couple. Pourquoi vouloir toujours tout faire ensemble ? Votre partenaire a ses propres aspirations, laissez-lui l'espace nécessaire pour qu'il les réalise. Il pratiquera donc un certain nombre d'activités sans vous. Tant mieux, vous aurez plus de temps pour choisir les vôtres. Votre couple n'en sera que plus soudé. **La qualité d'une relation de couple ne dépend pas de la quantité de temps passé ensemble, mais davantage de sa qualité**. Dans un chapitre précédent (un mois sans..., une semaine sans...) nous proposions « une semaine sans enfants et sans conjoint ». C'est pour quand ?

Votre conjoint n'est pas votre propriété. L'expression *mon* mari ou *ma* femme ne devrait pas faire partie de notre vocabulaire. Nous n'appartenons qu'à nous-même et nous *cohabitons* avec notre conjoint. Ce qui signifie que nous devons respecter ses différences, ses points de vue, ses goûts, sa liberté. Bannissez de votre couple tout sentiment de jalousie. Vous avez peur qu'il ou elle aille voir ailleurs ? Posez-vous alors la question s'il (ou elle) a de bonnes raisons de le faire. Faites-vous encore et toujours des efforts pour rester séduisant, courtois, aimant, attentionné ? Ou êtes-vous devenu au fil des ans irascible, bougon et frustre...

Désamorcez les conflits. N'attendez pas que la situation s'envenime et que le dialogue devienne impossible. Parlez en toute sincérité de vos soucis, de ce qui vous chagrine, de vos frustrations. De la même manière, soyez à l'écoute de ce qu'il ou elle a à vous dire. Et si le dialogue est devenu impossible, si la situation semble bloquée, écrivez-lui ce que vous avez sur le cœur. L'écriture permet de prendre le temps de choisir ses mots, de trouver ses arguments sans être sous le coup de l'émotion.

Le sexe, ciment du couple. Accordez toute l'importance qu'il faut à la relation sexuelle. Et cette relation n'est pas limitée par l'âge. Le sexe instaure une complicité précieuse dans le couple et devient souvent l'élément réconciliateur. Soyez imaginatif, surprenez-le, le sexe doit être joyeux, jamais routinier ni triste. Il est une fête des sens et, ce qui est extraordinaire quand on est dans une démarche de simplicité volontaire, c'est qu'il est accessible à tous, riches comme pauvres. Il ne dépend pas de la classe sociale ou du porte-monnaie.

Si votre couple bat de l'aile, n'hésitez pas à vous faire aider. Il existe des psychologues et psychothérapeutes qui peuvent vous écouter et débloquer la situation. Il n'est pas « normal » de ne pas ou ne plus aimer le sexe. C'est comme de ne pas apprécier un plat savoureux. S'en désintéresser ou s'en lasser est révélateur d'un problème. Trouvez-en la solution au lieu de vous réfugier dans un échappatoire.

Enfin, et ce serait un comble, **il ne faudrait pas que cet ouvrage devienne un sujet de discorde dans votre couple** ! La réalisation concrète des conseils proposés dans ce guide doit être partagée. Lisez-le tous les deux, cochez chacun de votre côté les conseils qui vous semblent judicieux et réalisables (sans vous préoccuper de savoir si votre partenaire a des chances de les adopter). Puis comparez ! Les conseils cochés par vous deux ne posent aucun problème et il sera donc aisé de les adopter rapidement. Portez ensuite une attention toute particulière à ceux que votre conjoint a choisi seul. Parlez-en ensemble. Est-ce une bonne idée, qu'est-ce qui vous retient, pourriez-vous essayer de la mettre en œuvre juste pour voir ? Sinon, la réalisation de cette idée par votre conjoint seul vous serait-elle insupportable ? Laissez-lui alors la liberté d'en faire l'expérience. Peut-être qu'à l'usage, cette nouvelle idée vous paraîtra fondée et vous l'adopterez de votre plein gré. Sinon, reste la possibilité de faire machine arrière, la priorité étant que vos choix se fassent dans le profond respect de la liberté de l'autre.

Vos enfants

S'il vous est facile d'adhérer au concept de simplicité volontaire parce que vous avez eu tout le loisir d'expérimenter les joies de l'hyperconsommation, qu'en est-il de vos enfants ? Nous distinguerons deux cas : le jeune enfant de moins de 10 ans et l'adolescent.

Le jeune enfant

Il se construit psychologiquement en grande partie en s'identifiant à ses parents. Si le modèle est convaincant, il le fera sien tôt ou tard. Faut-il encore expliquer chacun de vos actes, telle démarche écologique de tri des déchets ou tel refus d'achat d'un jouet superflu. Rappelez-lui combien ce jeu qu'il avait voulu à tout prix, en trépignant dans le magasin, est aujourd'hui oublié et enfoui au fond d'un placard.

Expliquez, démontrez, prenez des exemples. Montrez-lui que vous savez déjouer les pièges tendus par la société de consommation. Au fond de lui-même, il pensera : « trop forts mes parents, ils sont malins, ils ne se font pas avoir… » Et quand vous lui choisirez un cadeau, prenez avec lui le temps de la réflexion pour savoir si ce nouveau jeu est réellement intéressant ou s'il va s'en lasser après quelques jours. Demandez-lui s'il a des camarades qui ont le même, ce qu'ils en pensent, s'ils y jouent encore. En un mot, apprenez-lui à contrôler ses pulsions d'achat. S'il vous demande un jouet inintéressant, refusez-lui, argumentez et proposez-lui dc mettre cette somme de côté pour lui acheter un peu plus tard quelque chose de mieux, même si c'est plus cher. Sensibilisez-le à la qualité des produits. Il comprendra qu'en faisant aujourd'hui un petit sacrifice, il obtiendra mieux demain.

Incitez-le à sortir et à jouer avec les amis de son âge. Le garder trop souvent à la maison peut avoir pour effet de le retrouver pendant des heures devant la télévision ou sur un jeu électronique abrutissant. Préférez le plein air, le sport, la nature... Pratiquez avec lui des activités manuelles et créatives (jeux, peinture, bricolage, escalades, lecture...).

Apprenez-lui la réflexion. Au lieu de lui asséner vos vérités, procédez par interrogations. Vous stimulerez ainsi son raisonnement, éviterez les raccourcis et idées toutes faites, sources de préjugés. Plus il pensera par lui-même et mieux il sera armé pour faire à l'avenir les bons choix. Justifiez vos décisions. Au lieu de lui dire simplement : « on achète ce modèle plutôt que celui-là », expliquez-lui pourquoi : celui-ci est réputé plus fiable, sa garantie est plus longue, il est évolutif et durera plus longtemps, etc. Il prendra vite l'habitude de fonctionner comme vous. À l'adolescence, il mûrira davantage ses choix.

Enfin, n'hésitez-pas à le sensibiliser dès son plus jeune âge à l'écologie et à l'environnement. Les enfants sont très réceptifs à ces préoccupations-là car ils ont un attrait inné pour la nature et les animaux. De plus, il trouvera un écho à vos recommandations dans le cadre scolaire, ces sujets étant souvent développés par les enseignants.

Et l'adolescent ?

Il n'est que la continuité de l'éducation reçue pendant son enfance, teintée par la qualité de ses fréquentations. Il rentre naturellement dans une phase d'opposition à ses parents et à l'autorité en général. Alors, peine perdue ? Bien au contraire. Il est à cet âge où il remet tout en question. Alors, si vous lui faisiez habilement partager votre propre remise en question ? Il a l'âge où la contradiction devient un jeu. Il ne faut pas lui opposer un silence indifférent ou une fin de non-recevoir. Profitez-en pour débattre avec lui, apprenez-lui à argumenter pour étayer ses thèses, amenez-le ainsi sur votre propre terrain puis enseignez-lui progressivement la nuance, l'analyse, la critique constructive et toutes ces valeurs qui feront de lui un adulte responsable et libre penseur.

Car là est la clé. Soit il se laisse happer par le miroir aux alouettes de la mode et du futile, soit vous lui donnez les outils intellectuels pour qu'il soit capable, devant ses amis, d'adopter un comportement à contre-courant, de défendre des idées différentes, d'affirmer sa personnalité au lieu de devenir un mouton de panurge.

Préceptorat et éducation à domicile.
L'école à la maison est possible et légale. Beaucoup en rêvent, encore faut-il pouvoir la mettre en place. À moins que vos revenus ne vous permettent de payer un précepteur pour vos seuls enfants, la solution la plus envisageable passe par une mutualisation. Groupez-vous entre voisins et amis, les frais décroîtront proportionnellement. Les cours peuvent se donner à tour de rôle chez les uns et chez les autres. Les enfants progresseront plus rapidement que dans l'enseignement traditionnel du fait de leur nombre réduit (on est quasiment dans une configuration de cours particulier). Le précepteur peut parfaitement gérer différents niveaux en même temps (ce que font bien des instituteurs dans les toutes petites écoles en milieu rural avec d'excellents résultats). Certains parents ne travaillant pas peuvent donner des cours complémentaires selon leurs propres compétences. Les examens seront présentés en candidat libre. Pour plus de renseignements, un ouvrage : *Les 10 plus gros mensonges sur l'école à la maison,* aux Éditions Dangles.

Des vêtements de marque ?

Économie : ♥♥♥♥ Mieux-être : ♥♥

Faites une expérience : votre adolescent est accro à la mode, il veut être *fashion* comme la majorité de ses camarades du collège ? Il lui faut des vêtements griffés aux plus grandes marques, celles-là mêmes qui matraquent de publicités leur émission télé préférée. L'habiller devient un cauchemar pour votre bourse et une source systématique de conflit. Définissez alors avec lui un budget. Il a besoin d'un pantalon ? Donnez-lui 20 ou 25 € par exemple, soit le prix moyen d'un pantalon ordinaire. S'il veut un vêtement de marque, à lui d'en payer la différence avec son argent de poche. Il réalisera très rapidement combien cette marque lui coûte. Souvent le double du prix. Faites lui également prendre conscience que bien des marques de luxe emploient (pour ne pas dire *exploitent*) des enfants dans des pays à main d'œuvre bon marché et corvéable à merci.

Si, en tant que parent, vous devez subvenir à ses besoins vestimentaires, vous n'êtes pas tenus d'exaucer ses caprices les plus onéreux.

Tentez l'expérience ! Et il y a fort à parier que s'il trouve un pantalon à 15 €, il l'achètera et gardera la différence pour lui. Il aura pris conscience de la valeur de l'argent et de la nécessité de faire les bons choix.

❒ **044** Je tente cette expérience dès les prochains achats

🕮 À lire

COLLECTIF, *Le guide des jeux pour la planète : Le développement durable dans les mains de nos enfants*, Éditions Yves Michel, 2008

ESTRADE Patrick, *Le couple retrouvé*, Éditions Dangles, 1999

HOUEL Alain, *Comment faire face aux gens difficiles*, Éditions Dangles, 1999

TOURNEBISE Thierry, *L'art d'être communiquant*, Éditions Dangles, 2008

Le logement

Votre *home* est-il vraiment le *sweet home* dans lequel vous vous sentez bien ? Ce lieu de vie est-il un havre de paix ou une source supplémentaire de stress ? Convient-il à votre mode de vie ? Maison ou appartement, à la ville ou à la campagne, avec travaux ou tout neuf, en location ou propriétaire, près de toutes commodités ou loin de la civilisation, chauffé à l'électricité ou au bois, une salle de bain ou deux, une chambre d'amis ou une salle de jeu ?

À chacun son intérieur, son cadre de vie, pourvu qu'il soit à votre mesure et à celle de votre famille.

Tout d'abord, si vous vivez en couple, il sera nécessairement le fruit de compromis. Chacun doit y trouver son épanouissement tout en accordant des concessions. Si vous envisagez d'acheter, tenez compte de l'évolution de votre petite famille et projetez-vous dans les années futures. Si vous préférez la location, il sera toujours temps de changer au fur et à mesure de l'agrandissement de la tribu.

Quelques règles élémentaires

Ne pas avoir les yeux plus gros que le ventre. Si trois pièces vous suffisent, inutile de louer un T6 au seul prétexte que vous êtes tombé sur une bonne affaire. Un logement trop spacieux engendre des frais importants que vous avez peut-être sous-estimés. Les taxes seront plus élevées, le chauffage de même, les travaux d'entretien multipliés d'autant. Sans parler du ménage qui mobilisera un temps démesuré que vous préfèreriez occuper différemment. Trop d'espace n'incite pas à avoir un intérieur sobre et zen. Plus vous avez de place et plus vous entassez. Pourquoi trier, pourquoi jeter le superflu puisqu'on a la place de stocker ? Sauf qu'en quelques années, votre logement deviendra un véritable capharnaüm dans lequel vous n'éprouverez plus aucun plaisir à vivre. Ce sujet deviendra source de conflits, on reprochera à l'autre tel ou tel objet qui encombre inutilement. Le grenier et la cave se rempliront inexorablement. Jusqu'à l'étouffement.

Prévoyez un logement à votre mesure avec si possible une pièce supplémentaire qui servira aux uns et aux autres de refuge. Vous pourrez vous isoler pour lire, écrire, pratiquer un instrument, faire du yoga ou de la relaxation, écouter de la musique ou peindre. Bref, toute activité nécessitant un minimum de calme et d'isolement.

Préférez, pour la décoration, la qualité à la quantité. Mieux vaut une magnifique toile bien mise en valeur sur un mur qu'un fatras de cadres, posters, photos, bibelots et autres décorations kitch qui transforment votre intérieur en caricature de foire à la farfouille ! Un bel objet de décoration, pour donner tout son éclat, doit disposer d'espace et de lumière pour rayonner.

Évaluez correctement, avant un achat, les travaux qui vous attendent à court et long terme. Tant mieux si vous avez la passion du bricolage, mais il se peut que votre conjoint ne la partage pas. Si c'est l'affaire de quelques semaines ou quelques mois de chantier pour aménager un bel intérieur, pourquoi pas. Vous en verrez rapidement le bout et l'avancement des travaux vous stimulera. Si, en revanche, vous achetez une vieille ferme qui vous demandera vingt ans de votre vie pour la restaurer selon vos aspirations, ce rêve a tous les risques de se transformer en cauchemar. Des années à vivre au milieu de la poussière de plâtre, de copeaux de bois, de gaines électriques qui sortent des murs, de palettes de matériaux qui encombrent le jardin, d'échafaudages qui défigurent votre façade et c'est rapidement le clash ! Nombre de couples n'y ont pas résisté et le divorce a mis fin à ce qui devait être une belle aventure.

Optez pour un logement répondant le plus possible aux nouvelles exigences écologiques. Pensez, dès la construction ou lors de rénovations, à des solutions d'isolement et de chauffage à très basse consommation. Renseignez-vous sur toutes les solutions d'énergies renouvelables. Aujourd'hui, l'information ne manque pas dans ce domaine, que ce soit sous forme de livres ou sur le net. Vous pouvez demander différents devis à de vrais professionnels et vous faire expliquer les avantages ou inconvénients de telle ou telle option. Raisonnez sur du long terme et pensez aux déductions fiscales qui existent aujourd'hui pour vous inciter à choisir des énergies alternatives.

Choisissez votre environnement

Où se trouvent les commerces, équipements et services que vous utiliserez régulièrement ? Faudra-t-il prendre systématiquement la voiture pour la moindre course, pour pratiquer une activité ou conduire vos enfants à l'école ? Si vous êtes âgé, projetez-vous quelques années en avant et demandez-vous si ce logement conviendra toujours lorsque votre mobilité sera réduite. Si vous avez des enfants en bas âge, les années collège, lycée et université vous paraissent bien loin. Pourtant, elles arriveront à toute vitesse. Imposerez-vous à votre adolescent de se lever chaque matin à 6 heures pour prendre le bus pour le lycée ? Serez-vous obligés de louer un studio en ville pour héberger votre futur étudiant ? Peut-être pas si une ligne de train passe à proximité et ne met que vingt minutes pour le déposer au centre ville, à deux pas du quartier universitaire. Si vous n'anticipez pas ces différentes situations, vous risquez d'être contraints à déménager tôt ou tard et quitter un logement agréable auquel vous étiez profondément attachés. Vous perdrez peut-être de vue des amis chers que vous aviez mis des années à rencontrer et apprécier.

Vivre en communauté ?

Une idée pas si saugrenue que cela… On peut l'envisager sans pour autant essayer de reproduire le mode de vie communautaire des années soixante-dix. Vous êtes quelques amis très proches, vous vous entendez parfaitement bien depuis de nombreuses années, vous êtes souvent partis en vacances sans que le moindre accroc vienne ternir votre amitié ? Alors vous êtes sans doute mûrs pour tenter une vie communautaire. Faites estimer vos maisons ou appartements respectifs et faites la somme. Si, par exemple, vous êtes quatre familles propriétaires chacune d'une maison ou d'un appartement estimé à 250 000 €, vous avez un budget d'un million d'euro qui ouvre de belles perspectives : vous pouvez acheter un corps de ferme, une grande maison bourgeoise ou, pourquoi pas, un château. Chaque famille peut s'aménager son appartement tout en prévoyant certaines pièces communes : une salle de jeu, une bibliothèque, une buanderie, un garage, une grande salle à manger pour vous retrouver parfois tous ensemble autour d'une bonne table. Pour faciliter la bonne entente, ayez chacun vos espaces privés bien définis. Voilà une expérience audacieuse qui nécessite la totale adhésion de tous, mais pourquoi pas ?

Une maison de retraite entre amis

Sur le même principe de la vie en communauté présentée ci-dessus, vous pouvez organiser votre propre maison de retraite communautaire. Un jour ou l'autre, vous vous retrouverez seul, à ne pouvoir conserver pour différentes raisons votre logement. Restera la solution de la maison de retraite. Souvent triste et inhumaine, toujours onéreuse. Vous y engloutirez toutes vos économies, puis celles de vos enfants. Alors pourquoi pas un logement collectif entre amis de longue date ? Vous cotiserez chacun à une cagnotte pour vous offrir des services à domicile, les soins d'une infirmière et d'une aide ménagère. Les plus valides pourront venir en aide aux autres. Dans cette maison de retraite-là, entouré d'amis, vos dernières années seront probablement plus douces. Combien de personnes âgées, aujourd'hui, se laissent dépérir jusqu'à la mort dans ces centres médicalisés impersonnels et inhospitaliers… Alors, pourquoi pas cette option économique et alternative ?

Maintenant que vous êtes bien installés dans votre logement, privatif ou communautaire, voilà quelques pistes de réflexion pour y vivre sereinement et en toute simplicité.

Se débarrasser de l'inutile et ne pas avoir peur du vide

Écologie : ♥♥♥♥ Économie : ♥♥ Mieux-être : ♥♥♥♥♥

Ce ne sont pas les objets qui font le bonheur, cela se saurait.

Votre maison, votre logement, vos placards, armoires et greniers regorgent de centaines d'objets devenus inutiles, obsolètes, désuets, ringards. Faites donc un grand ménage. Il existe certainement près de chez vous une déchetterie, et pas très loin non plus un dépôt d'Emmaüs. Votre village organise bientôt un vide-greniers. Bloquez-vous une journée, un week-end entier si nécessaire. Empruntez ou louez une remorque, un break, faites-vous aider par des amis et **faites le vide** !

Commencez par les vêtements. Deux piles : ceux que vous mettez régulièrement et ceux que vous n'avez plus mis depuis au moins un an ou deux. Donnez ces derniers à une association caritative. Idem pour les chaussures. Sans le moindre regret (pensez aux heureux que vous allez faire, la pilule passera plus facilement). Si c'est au-dessus de vos forces, faites faire la sélection par votre conjoint. Vos armoires vont se vider au moins de moitié.

Attaquez ensuite le grenier, le débarras, le garage, l'atelier, le cabanon de jardin, le sous-sol. Triez le métal, le verre, le plastique et portez le tout à la déchetterie. Si certains objets ont une valeur marchande, mettez-les en vente sur un site Internet d'enchères, dans un dépôt-vente ou lors d'une brocante de village ou de quartier.

Moins de poussière, moins de ménage et plus de rangement. Chaque chose à sa place et une place pour chaque chose. Quant aux objets auxquels vous tenez, car il reste tout à fait légitime de conserver quelques attachements, profitez-en pour les ressortir et les mettre en valeur.

Une astuce : la dernière chance avant la déchetterie. *Vous avez un mal fou à prendre la décision de jeter quoi que ce soit ? Une solution : prenez un grand carton et mettez-y tout le superflu sans le jeter tout de suite. Si, passé un an, vous n'êtes pas venu y rechercher des objets, c'est bien la preuve qu'ils vous étaient devenus inutiles. Alors engagez-vous à les jeter définitivement ou à les donner (envoyez un petit mail à vos amis pour savoir s'ils n'en auraient pas l'utilité, et parmi eux s'en trouveront de plus conservateurs que vous).*

❐ **045** Je décide d'un grand débarras. Je commence le week-end du :

S'aménager un espace de vie dédié à la culture et au bien-être

Mieux-être : ♥♥♥♥♥

Votre domicile est maintenant dépouillé du superflu. Il ne reste que l'utile et le beau. Afin que ce vide matériel n'occasionne un vide intérieur, vous sentirez le besoin de le compenser. Toutefois, vous ne souhaitez plus tomber dans la spirale infernale du « posséder toujours plus ».

Dédiez alors un espace de votre appartement ou de votre maison à la culture. Un lieu confortable avec un éclairage adéquat pour pouvoir vous isoler avec un bon livre. Une sono de qualité pour vraiment écouter (et non plus seulement entendre) vos musiques préférées et en découvrir de nouvelles. Un atelier pour laisser exprimer vos talents de peintre ou vos dons pour les loisirs créatifs. Cet espace sera le vôtre, celui où pourra s'exprimer votre créativité en toute quiétude.

Une autre idée originale : pourquoi ne pas consacrer une grande pièce pour accueillir des réunions, des spectacles, des expositions ? Des troupes de théâtres proposent des spectacles itinérants chez des particuliers, invitez-les chez vous.

Il est certes plus facile de réaliser ce projet lorsque vous avez un logement vaste avec des pièces inutilisées. Pourtant cet espace peut se restreindre à un petit coin aménagé à votre goût dans une pièce tranquille.

❒ **046** Je décide d'aménager un espace. Je commence déjà à le concevoir en respectant le planning et le budget suivant :

-

-

Décorer soi-même

Écologie : ♥♥♥ Économie : ♥♥♥♥ Mieux-être : ♥♥♥♥

Vous croyez encore qu'une superbe décoration d'intérieur nécessite un budget pharaonique ? Pourquoi ne pas faire tout simplement appel à votre imagination et à quelques grammes d'originalité ? Plutôt que d'avoir une décoration standardisée, des objets à la mode que vous retrouverez finalement dans une maison sur deux, créez-vous un intérieur à façon et à moindre coût.

La nature peut vous offrir bien des matériaux de base. Un bouquet composé de branches de saule tortueux peintes à la bombe en couleurs vives, dans lesquelles vous ferez courir une guirlande lumineuse ou encore un tableau composé de feuilles mortes aux couleurs chatoyantes... Imaginez une table basse constituée d'un plateau en verre reposant sur des piles de vieux livres reliés trouvés pour une bouchée de pain dans une brocante. Un ancien mannequin de prêt à porter transformé en porte manteaux et porte chapeaux. Détournez des objets de leur utilisation première. Laissez s'exprimer vos talents artistiques. Vous pensez n'en avoir aucun ? Dites plutôt que vous n'avez jamais osé essayer. Peignez une fresque sur le mur de votre salon ! Pourquoi pensez-vous en être incapable ? Lancez-vous ! Faites d'abord un essai en taille réduite puis reproduisez-le sur un pan de mur entier. Au pire, si vous n'êtes pas satisfait du résultat ou si vous vous lassez de votre création, un bon coup de rouleau et il n'y paraîtra plus. Fabriquez vous-même ou customisez vos luminaires, transformez vos radiateurs en éléments décoratifs. Intégrez des matières brutes à votre intérieur : briques, bois flottés, bambous, éléments de carrosserie ou de mécanique. Confrontez l'ancien et le moderne, mariez-les. Les idées ne manquent pas, il suffit de se lâcher sans avoir peur du qu'en dira-t-on. Vous craignez de passer aux yeux de vos amis pour un original ? Ils ne vous en apprécieront que davantage. Au diable tout conformisme et comportement préformaté !

Dans la salle de bain

Écologie : ♥♥♥♥ Économie : ♥♥♥♥ Mieux-être : ♥♥♥♥

L'eau potable va devenir l'un des biens les plus précieux et c'est la salle de bain qui en consomme le plus. Préférez donc la douche au bain. Et sous la douche, tout en chantant, économisez encore 50 % d'eau supplémentaire. Mouillez-vous pendant quelques secondes. Stoppez le robinet. Lavez-vous. Puis rincez-vous. Il existe des « stop-douches » permettant de couper l'eau et la remettre sans dérégler la température.

Le saviez-vous ? *Un bain consomme 120 à 200 litres d'eau, la douche 20 à 60 (plus près de 20 si vous utilisez la méthode préconisée), le lave-linge 70 litres, le lave-vaisselle 40 livres, la chasse d'eau 6 à 12 litres. La consommation moyenne en France est de 150 litres par jour et par personne.*

Tant que nous y sommes…

Bannissez de votre salle de bain les gels douches. Lisez leur composition chimique et tout est dit ! Quant à la plupart des savons, ils contiennent des graisses animales, parfois même issues d'animaux d'équarrissage. Préférez un bon savon naturel (savon de Marseille ou savon d'Alep), idéal pour votre peau, et souvent vendu sous un emballage minimal. Avez-vous remarqué que les flacons de gel douche et de shampooing ont des orifices de plus en plus grands ? À peine les retournez-vous au-dessus de votre main qu'il en coule deux fois plus que nécessaire.

Les gants de toilette sont de véritables réservoirs à germes. Que faire ? Bien les faire sécher après chaque usage, les laver tous les jours, les désinfecter ? Oubliez tout cela ! Savez-vous que dans de nombreux pays, le gant de toilette (tout comme l'éponge de bain) est inconnu ? Lavez-vous avec vos mains, tout simplement. Laissez vos mains imprégnées de savon caresser votre corps, en souligner les courbes. Cette sensation est délicieuse et procure un réel bien-être (le jeu à deux est encore plus piquant). Vous sortirez de votre douche tout aussi propre que si vous vous étiez récuré de toutes vos forces avec un gant de toilette, humide depuis trois jours et malodorant !

Qu'est-ce qui nettoie les dents, le dentifrice ou la brosse ? À en croire les publicités de dentifrices, il faudrait mettre trois bons centimètres de pâte sur toute la longueur de la brosse. Vos dents seront tout aussi éclatantes avec un petit centimètre de pâte seulement. Et votre haleine tout aussi fraîche. Tiens, vous venez d'un coup de diviser par trois votre consommation de dentifrice ! Et ne laissez plus couler l'eau pendant le brossage…

❐047 J'économise l'eau sous la douche.

❐048 J'abandonne le gant de toilette.

Les produits de beauté

Écologie : ♥♥♥♥♥ Économie : ♥♥♥♥ Mieux-être : ♥♥♥♥

Pourquoi tant de crèmes, gels, poudres et autres onguents dans vos tiroirs ? Il existe maintenant des produits de beauté multifonctions de grande qualité. Mieux vaut n'utiliser qu'un seul excellent produit que de vous embarrasser de dizaines de pots et flacons inutiles. Mieux encore, fabriquez vous-même vos cosmétiques ! Vous en connaîtrez la provenance, la composition et vous serez assurés de l'absence de produits allergisants. Nous vous conseillons, pour cela, la lecture de l'ouvrage de Chantal Clergeaud aux Éditions Dangles : *Cosmétiques, le pire et le meilleur,* dont nous avons extrait les exemples ci-dessous. L'auteur vous fera découvrir de nombreuses recettes faciles à réaliser.

Exemples de recettes

Un lait démaquillant peaux sensibles : 3 cuillères à soupe de crème fraîche, 1 cuillère à soupe d'huile de sésame, 10 cl d'eau de fleur d'oranger, 2 gouttes d'huile essentielle de petit grain bigaradier. Mélangez et conservez au réfrigérateur.

Une crème de jour : 100 gr de lanoline, 70 gr d'huile, 100 gr d'huile d'amande douce, 100 gr d'eau, 5 gouttes d'huile essentielle de carotte. Faire fondre la lanoline au bain-marie, ajoutez l'huile d'amande douce en tournant puis, hors du feu, l'eau et l'huile essentielle.

Un masque raffermissant : 1 cuillère à café d'argile verte, 3 cuillères à café de lait, 2 gouttes d'huile essentielle de lavande.

Un shampooing antipelliculaire : 1 cuillère à café de bicarbonate de soude pour un demi-litre d'eau.

Un savon doux: 100 gr de copeaux de savon de Marseille, 10 gouttes d'huile essentielle de verveine, 100 gr de miel, 3 cuillères à soupe d'eau de source.

Un gommage au sel: 3 cuillères à soupe de sel fin non raffiné, 2 cuillères à soupe d'huile d'olive, 1 cuillère à soupe d'argile verte.

Et des dizaines d'autres recettes que vous pourrez réaliser et tester avec succès.

❒ 049 Je teste les cosmétiques naturels à faire soi-même. Je commence par :

- - -

Le ménage et l'entretien. Solutions alternatives et naturelles

Écologie : ♥♥♥♥♥ Économie : ♥♥♥♥ Mieux-être : ♥♥♥♥

Les médias nous bombardent de publicités sur une multitude de produits d'entretien dont les formules chimiques font frémir. Qu'il s'agisse de nettoyer les sols ou les vitres, récurer les sanitaires ou faire briller la vaisselle, la gamme qui s'offre à vous est impressionnante. Les rayons des supermarchés regorgent de produits tous plus musclés les uns que les autres. Et chaque tâche ménagère a son produit dédié. Une crème de ceci pour nettoyer le lavabo, un « pschit » de cela pour faire briller les chromes, un gel ultrapuissant pour les toilettes, une poudre de perlimpinpin pour le lave-linge, une pastille miracle pour le lave-vaisselle et un vaporisateur magique pour les moquettes. Ces produits, pourtant très communs, dégagent souvent des molécules ou substances dangereuses pour la santé. Vous pouvez souffrir de maladies chroniques ou d'allergies sans vous douter qu'ils en sont la cause. Et si nous, adultes, sommes plus résistants, ce n'est pas le cas de nos jeunes enfants.

Aucune solution ? Tout d'abord, ayez à l'esprit que plus vous désinfectez votre intérieur, plus vous traquez le moindre microbe, la plus minuscule bactérie, le plus retord des acariens, et plus vous fragilisez votre organisme. Si votre maison est aussi aseptisée qu'un bloc opératoire, votre corps perdra progressivement ses défenses immunitaires, de moins en moins sollicitées. Mais gare à vous le jour où une attaque survient : vous serez la première victime.

Bannissez cette multitude de produits chimiques de vos placards. Fabriquez vous-même vos produits d'entretien à partir de substances naturelles et non allergisantes. Il faudra vous procurer environ un douzaine de produits de base : **jus de citron, vinaigre blanc, quelques huiles essentielles** (citron, lavande, *palmarosa*, citronnelle, orange, *tea tree*), **bicarbonate de soude, glycérine, savon pur de Castille ou savon de Marseille, sel, cristaux de soude, borax** *(ces deux derniers sont à utiliser avec quelques précautions).* Dosez, mélangez, frottez et l'efficacité de ces potions maison vous surprendra. L'économie réalisée tout autant. Vous pourrez tout faire : les vitres, les carrelages, les moquettes, la salle de bain, les toilettes, la poussière, les boiseries, la vaisselle, le four, la lessive. Vous pourrez détacher, lustrer et décaper en toute sécurité.

Nous ne citerons que quelques recettes simples, parmi les plus usitées, afin que vous les expérimentiez chez vous. Elles sont extraites d'un ouvrage dans lequel vous en découvrirez bien d'autres : *Comment entretenir sa maison au naturel,* de Angela Martin, Éditions Dangles.

Quelques recettes

Pour une poudre à récurer très efficace : mélanger en parties égales borax + bicarbonate de soude. Bien remuer, laisser agir une heure avant de rincer.

Produit antibactérien (pour les toilettes, par exemple) : deux tasses d'eau, un quart de tasse de savon liquide de Marseille, une grande cuillère d'huile essentielle de tea tree.

Une cire naturelle pour les meubles : une demi-tasse d'huile d'olive, une grande cuillère de vinaigre blanc et 4 gouttes d'huile essentielle de *palmarosa*.

Le meilleur des détachants : une cuillère à soupe de borax, une tasse d'eau chaude et 6 gouttes d'huile essentielle d'eucalyptus.

Pour les sols : un quart de litre de vinaigre blanc, un litre d'eau chaude et 20 gouttes d'huile essentielle de pin.

Une lessive pour tous textiles, utilisable en machine : un verre de cristaux de soude, 2 verres d'eau chaude, un quart de verre de savon de Marseille liquide, un verre de bicarbonate de soude, 8 gouttes d'huile essentielle de *tea tree*. Utilisez un demi-verre pour chaque machine.

Pour les vitres : 8 verres d'eau chaude, un verre de vinaigre blanc, 8 gouttes d'huile essentielle de menthe poivrée. Essuyer ensuite la vitre au papier journal.

Si vous ne vous sentez pas l'âme d'un apprenti chimiste et que vous préférez continuer à utiliser des produits industriels, réduisez alors les doses préconisées. Le meilleur exemple est la machine à laver. Utilisez 30 % de lessive en moins et comparez la propreté du linge : vous ne constaterez aucune différence. Et se seront 30 % de nitrates en moins dans la nature et autant d'économisé sur votre budget.

❒050 Je me procure ces produits de base.

Je teste en priorité pour les utilisations suivantes :

-

-

-

📖 **À lire**

DUMANGET Agnès, *Vivre votre Feng Shui au quotidien,* Éditions Trajectoire, 2008

GAUTIER Thierry, *Guide pratique de l'habitat sans nocivité,* Éditions Conscience Verte, 2007

LECUYER Philippe, *Guide pratique de l'éco-habitat,* Éditions du Fraysse, 2007

POLETTI Rosette, *Se désencombrer de l'inutile,* Éditions Jouvence, 2008

Le jardin

Si vous avez la chance de posséder un petit lopin de terre, voilà une belle occasion de retrouver quelques plaisirs simples qui vous procureront une vraie joie de vivre. Faites participer l'ensemble de la famille pour en faire une occupation saine et ludique à la fois. Vos enfants y gagneront à passer quelques minutes par jour à arroser ou désherber plutôt que de s'abîmer les yeux sur un jeu électronique. Les quelques fraises récoltées seront leur meilleure récompense.

S'initier au potager

Écologie : ♥♥♥♥♥ Économie : ♥♥♥♥ Mieux-être : ♥♥♥♥

Jardiner est la portée de tous et ne nécessite pas un outillage conséquent. Et quel bonheur de manger des produits que vous avez fait pousser vous-même, sans engrais ni pesticide ! Inutile, dans un premier temps, de vouloir concurrencer votre voisin retraité qui consacre toute sa journée au jardinage. Vous disposez peut-être de moins de temps que lui, ce qui ne vous empêche pas de planter quelques pieds de tomates (tant pis s'ils produisent un peu moins que les siens), des salades, des radis, des carottes, des artichauts, quelques poireaux ou haricots verts. Impliquez vos enfants qui seront toujours curieux de ces expériences de « sciences naturelles » à domicile. Notez chaque culture que vous entreprenez, les dates de semis ou plantations, les fréquences d'arrosage, les dates de cueillettes et les quantités produites. Année après année, vous acquerrez toujours plus d'expérience et vos productions s'amélioreront. Aidez-vous d'un guide pour faire vos premiers pas (nous vous conseillons l'ouvrage de Vincent Gerbe : *Votre potager biologique,* aux Éditions Dangles).

❐ <u>051</u> Je teste cette année les cultures suivantes :

Planter des arbres fruitiers

Écologie : ♥♥♥♥♥ Économie : ♥♥♥♥ Mieux-être : ♥♥♥♥

Certes, il faudra attendre quelques années avant de déguster les premiers fruits, mais quelle saveur ! Choisissez toujours des variétés locales et rustiques ne nécessitant qu'un minimum d'entretien. Et lorsqu'ils donneront à plein, pensez aux confitures maison… N'oubliez pas la vigne qui demande peu d'entretien et qui vous offrira un excellent raisin de table à l'automne.

Une astuce : où trouver de l'engrais naturel ? *N'y a-t-il pas un haras près de chez vous ? Souvent, il vous propose gratuitement du crottin de cheval pourvu que vous alliez vous-même le chercher. Renseignez-vous ! Et, bien sûr, faites votre propre compost (voir ci-après). Vous enrichirez votre terre naturellement sans frais.*

❒ **052** Je plante les arbres suivants :

Récupérer l'eau de pluie

Écologie : ♥♥♥♥♥ Économie : ♥♥♥♥

Rien de plus simple : dérivez le tuyau de descente d'eau de votre toit vers une cuve (de surface ou enterrée). Vous pouvez constituer des réserves d'eau conséquentes. Compte tenu de la pluviométrie moyenne en France, un toit de 100 m^2 récupèrera environ 70 m^3 d'eau par an ! C'est bien plus qu'il n'en faut pour arroser votre potager, votre pelouse et vos fleurs gratuitement. Si vous êtes bricoleur, en adaptant la plomberie de votre maison, vous pourrez faire fonctionner vos chasses d'eau avec cette eau de pluie.

Une cuve très économique. *Trouvez (sur Internet par exemple) des cuves plastiques de 1 000 litres, avec cerclage métal. Il s'agit de cuves, utilisées dans l'industrie, qui sont revendues d'occasion pour une somme modique. Attention qu'elle n'ait pas contenu de produit* *toxique et qu'elle soit bien rincée. Elles ne sont guère esthétiques, mais vous pourrez l'habiller de bois, de canisse ou autre revêtement naturel afin qu'elle se fonde dans le paysage.*

❒053 J'installe une cuve de récupération d'eau de pluie.

Arroser au goutte-à-goutte

Écologie : ♥♥♥♥♥ Économie : ♥♥♥♥♥

L'investissement est minime (quelques tuyaux et goutteurs) et l'économie considérable, surtout si vous n'avez d'autre possibilité que d'utiliser l'eau de la ville pour arroser. Vous pouvez installer un robinet programmable pour que l'arrosage continue pendant une absence prolongée.

❒054 J'équipe mon potager et mon jardin d'un goutte-à-goutte

Faire son compost

Écologie : ♥♥♥♥♥ Économie : ♥♥♥

Faire un compost présente un double intérêt : ne pas encombrer vos poubelles de détritus végétaux, et fabriquer vous-même du terreau pour vos cultures. Choisissez un endroit assez éloigné de la maison pour ne pas être incommodé, mais pas trop loin non plus pour ne pas avoir à traverser tout le jardin sous la pluie, l'hiver. Vous avez la possibilité d'acheter un conteneur spécifique, mais il est très facile de le fabriquer soi-même. Autre solution, un simple trou dans le jardin, que vous recouvrirez d'une bâche noire (en captant les rayons du soleil, elle chauffera votre compost et accélèrera la décomposition).

Le saviez-vous ? *On peut composter sur un balcon, un rebord de fenêtre ou même à l'intérieur d'un appartement. On utilise un composteur d'appartement et des vers de terreau. Ces lombrics digéreront les déchets organiques pour les transformer en engrais sans aucune odeur désagréable. Cela s'appelle du « lombricompost ».*

❒**055** Je trouve un lieu pour faire du compost.

Faire une mare

Écologie : ♥♥♥♥♥ Mieux-être : ♥♥♥♥

Un grand trou, une bâche résistante, quelques pierres autour, quelques pierres à l'intérieur et un peu de terre au fond, un papyrus ou un nénuphar et le tour est joué. Reste à la remplir avec l'eau de pluie récupérée (installez un tuyau pour que le trop plein de votre cuve se déverse dans la mare). Il est très probable que quelques grenouilles viendront d'elles-mêmes, ainsi que toute une faune que vos enfants apprendront à découvrir.

Installez un banc ou une simple pierre plate devant pour vous asseoir et prendre le temps de contempler l'eau et la myriade d'insectes qui la peuplent (sans parler des libellules et oiseaux venant s'abreuver). Des poissons rouges ordinaires résisteront parfaitement saison après saison sans avoir besoin de les nourrir. Vous verrez que ce lieu agira sur vous comme un aimant. En revenant de votre travail, les soirées d'été, vous vous poserez devant la mare et le stress de la journée s'évanouira en quelques minutes.

❒**056** Je creuse une mare dans mon jardin.

Plantez des fleurs*. Si vous n'avez pas particulièrement la main verte et que vous ne souhaitez pas passer des heures à entretenir des variétés rares de rosiers, rien ne vous empêche de fleurir votre jardin grâce à des fleurs rustiques, repoussant d'elles-mêmes, année après année. Choisissez, par exemple, des fleurs à bulbes. Il en existe qui fleurissent à différentes périodes de l'année et votre jardin sera en beauté du début du printemps jusqu'à la fin de l'automne sans aucun entretien particulier.*

Le bambou, une plante miracle*. Si la superficie de votre jardin le permet, plantez du bambou. Cette plante est particulièrement envahissante, mais il existe des variétés que l'on peut contenir sans barrière à rhizomes. Ses utilisations sont innombrables : vous pouvez l'utiliser comme élément décoratif, fabriquer des pots à crayons, coupe-papiers, tringles à rideaux, tuteurs pour plantes, manches à outils ou à balais, piquets et barrières, mâts, stores, cannes à pêche, xylophones ou flûtes de pan, pour armer du béton, construire la structure d'un hamac, d'un cerf-volant. Il existe des variétés naines pour créer des bordures basses. C'est un excellent brise-vent et son feuillage persistant agrémente votre jardin en hiver. Mais ses pousses sont également comestibles et il possède des propriétés médicinales, pour calmer asthme et rhumatismes, par exemple. Renseignez-vous sur les variétés qui adaptées votre région.*

Piscine ou bassin de baignade ?

Écologie : ♥♥♥♥♥ Économie : ♥♥♥♥♥ Mieux-être : ♥♥♥

Une piscine dans votre propre jardin vous fait peut-être rêver. On imagine, pendant les chaudes journées d'été, toute sa petite famille jouant au ballon dans l'eau, ou perfectionnant son bronzage en terrasse, sur une chaise longue, un livre à la main. Dans la réalité, combien de jours utiliserez-vous votre piscine ? Beaucoup moins que vous ne le pensez. Par contre, son entretien nécessitera un temps considérable, été comme hiver. Entretien de l'eau, qui ne demande pas mieux que de virer au vert dès que vous avez le dos tourné, adjonction d'une multitude de produits chimiques pour l'aseptiser, rétablir le pH, lutter contre les algues, hiverner... Sans parler de la consommation d'une pompe électrique (environ 1000 watts huit à dix heures par jour pendant quatre à cinq mois, faites le calcul...) et de nombreuses heures consacrées à la nettoyer, à passer l'aspirateur, vider les skimmers ou entretenir la terrasse.

Avant de vous engager dans la construction d'une piscine, demandez à ceux qui en ont une si, passé plusieurs années, ils referaient le même choix. Vous serez surpris de leur réponse. Le concept d'une piscine personnelle est en tout point en contradiction avec une démarche de simplicité volontaire.

Si la natation est votre passion, fréquentez les piscines municipales dont les prix sont très accessibles et l'eau toujours claire. Sinon, sachez que vous pouvez réaliser des piscines naturelles (ou *bassins de baignade*) 100 % écologiques, dont l'eau est purifiée au moyen de plantes épuratrices telles que iris ou jonc. Pas de chlore ni autres produits chimiques, pas de filtration UV. Vous pourrez même nager au milieu des poissons !

De plus amples renseignements sur :
www.bassindebaignade.com

La cuisine et l'alimentation

Boire et manger sont parmi les plaisirs les mieux partagés. Voilà un domaine où, pour beaucoup, il semblerait que *cher* soit synonyme de *meilleur*. Vous allez sans doute changer d'avis. Voici quelques pistes pour que le plaisir de la table devienne une vraie fête sans casser pour autant la tirelire, et pour que mieux manger soit source de bienfaits et de meilleure santé.

Le repas, un moment de partage

Mieux-être : ♥♥♥♥♥

Comment mangez-vous et en quelles circonstances ? En famille ou seul, vite fait, sur un coin de table, devant la télévision ? Est-ce plutôt une corvée ou un moment de joie et de partage ?

Si vous vivez en famille, organisez les repas afin de les prendre tous ensemble. Faites coïncider au mieux les horaires afin de vous retrouver tous, sans téléviseur, autour d'un bon plat. Ce sera le moment d'échanger, de relater votre journée, de faire part de vos joies ou de vos préoccupations et de se détendre. Prenez votre temps. Profitez-en pour écouter ce que vos enfants ont à vous dire, mais aussi pour leur donner des conseils en matière d'alimentation et de diététique. Faites participer toute la famille à ce rituel, aussi bien en cuisine que pour mettre la table et la débarrasser.

Si vous vivez seul, ne vous laissez pas aller à manger debout dans la cuisine, directement dans la casserole, ou à sauter entrées et desserts pour en finir plus rapidement. Mettez votre couvert, utilisez de la belle vaisselle au lieu d'une vieille assiette ébréchée.

N'avalez pas à toute vitesse sans prendre le temps de savourer les aliments. Mais justement, le problème vient peut-être de là ! Manger ne serait-il devenu pour vous que la stricte satisfaction d'un besoin physiologique, une corvée comme une autre ? Attention, non seulement vous faites alors l'impasse sur ce qui peut – et doit – être un vrai moment de bien-être, mais vous mettez aussi en danger votre santé physique et psychique (les deux étant indissociables).

Que mangez-vous ? Toujours les mêmes plats faciles à préparer ou à réchauffer, toujours des produits bas de gamme et sans saveur ? Vous compenserez naturellement le manque de plaisir par la quantité. Ce qui a peu de saveur rassasie moins, vous augmentez alors les quantités ingurgitées afin de vous sentir repu. L'obésité ou d'autres troubles vous guettent. Avez-vous remarqué qu'un excellent plat dans un bon restaurant, même en petite quantité, procure une plus grande satisfaction qu'une monumentale assiette débordant d'un met insipide et ordinaire ? Car il ne suffit pas de remplir l'estomac, faut-il encore satisfaire les papilles gustatives...

Sachez que manger vite incite à manger en plus grande quantité. En effet, la satiété n'arrive qu'après plus ou moins vingt minutes. En prenant le temps de savourer un bon plat, la satisfaction est forcément accrue.

Si vous croyez que les meilleurs plats sont les plus onéreux, détrompez-vous. Vous pouvez cuisiner des ingrédients simples en les agrémentant et les parfumant. La cuisine exotique est souvent composée d'aliments basiques, mais leur saveur est relevée au moyen d'un large choix de condiments et épices.

Que faut-il manger ?

Ramana Maharshi était un grand saint très vénéré en Inde dans la première moitié du XXe siècle. Des disciples venaient du monde entier, d'Orient comme d'Occident, pour écouter sa parole toujours emplie d'une grande sagesse. Un jour, un visiteur lui posa une question existentielle à ses yeux, attendant de sa part une réponse certainement tranchée : « Faut-il suivre une discipline alimentaire ? »

À quoi Ramana Maharshi répondit : ***« Prenez de la nourriture agréable, mais en quantité modérée ».*** *Tout était dit dans cette simple phrase. Pas question d'être végétarien ou carnivore, de manger cru ou cuit, de proscrire tel ou tel aliment impur. Rien de tout cela.* ***De la nourriture agréable*** *: traduisez par là une nourriture que vous aimez, pour laquelle vous avez de l'appétit. Ce que votre corps désire lui est certainement nécessaire, du moins au moment où il le désire. Donc écoutez ce que demande votre organisme…* ***En quantité modérée*** *: bannissez tout excès qui est la cause même du dérèglement et donc de la maladie.*

Apprendre à cuisiner et à conserver

Écologie : ♥♥♥ Économie : ♥♥♥♥ Mieux-être : ♥♥♥♥

Choisissez des recettes ambitieuses et réussissez-les ! Quelle fierté alors de vous régaler et d'entendre vos amis vous féliciter pour vos talents de cordon bleu. Rapidement, vous saurez parfaitement préparer une dizaine ou vingtaine de plats recherchés, riches en saveurs, en vous passant du livre de recettes. Et plus vous apprendrez, plus il vous sera facile d'improviser de nouveaux plats tant il vous sera familier de marier judicieusement les ingrédients.

Préparez alors des quantités plus importantes et congelez-en une partie. Vous économiserez beaucoup de temps et renouvellerez plus souvent le plaisir d'un bon repas.

Faites des conserves avec les produits de saison, au moment même où ils sont le plus savoureux et coûtent le moins cher. Il existe différents modes de conservation très efficaces, de la traditionnelle conserve à la congélation en passant par des procédés plus récents, mais accessibles aux particuliers, comme la mise sous vide.

Cultivez des graines germées. *Elles ont d'excellentes qualités nutritives et sont très riches en protéines, vitamines, minéraux, oligo-éléments, enzymes… Il existe dans le commerce des germoirs, mais* *vous pourrez tout aussi bien utiliser un récipient en verre et de la toile à moustiquaire. Le choix de graines est considérable : blé, avoine, orge, millet, luzerne, pois chiches, basilic, carotte, chou, radis, trèfle, lentilles, cresson, moutarde, etc.* Tous les conseils dans l'ouvrage de Chantal et Lionel Clergeaud : *Graines germées,* Éditions Dangles.

❐ 057 Je m'engage à essayer une nouvelle recette par semaine, et je note sur mon livre de recettes un commentaire sur le résultat.

❐ 058 Je m'équipe du matériel suivant pour conserver les aliments :

- -
- -

Manger local

Écologie : ♥♥♥♥♥ Économie : ♥♥♥ Mieux-être : ♥♥♥♥

De nombreux producteurs proposent, à la plus forte saison, de venir cueillir vous-même les fruits ou légumes. Vous payez à la sortie du champ ou du verger, pour un prix très modique, des kilos de fruits ou légumes que vous pourrez ensuite transformer et conserver. Vous aurez le plaisir d'avoir cueilli et préparé vous-même ces aliments, vous les savourerez davantage. De plus, vous en connaîtrez la provenance.

Adoptez les filières de circuits courts, directement du producteur au consommateur. Renseignez-vous si des fermes proches de votre domicile vendent directement leur production de légumes, œufs ou volailles. Visitez leur installation et renseignez-vous sur leur mode de production. Il y a fort à parier qu'ils utilisent le moins possible de pesticides et autres produits chimiques puisqu'ils consomment eux-mêmes leur propre production.

Découvrez les AMAP (Association pour le maintien d'une agriculture paysanne). Elles sont de plus en plus répandues (environ 1200 en 2009) et leur nombre de ne cesse de croître. Une AMAP est une association de consommateurs qui passe un accord avec un producteur local (maraîcher, fruitier...) et qui s'engage à lui acheter la totalité de sa production. Chaque semaine, le producteur propose à ses adhérents un panier qui ne sera composé que des produits de sa ferme, tous de saison et cultivés selon le concept d'une agriculture souvent bio, tout au moins raisonnée. L'intérêt de consommer des produits de saison est qu'ils sont beaucoup plus frais et savoureux. De plus, d'un point de vue diététique, ils correspondent aux besoins de l'organisme à cette période-là de l'année. Le producteur étant de la région, le délai entre la cueillette et la livraison est très court et l'incidence du transport sur le plan écologique est quasi nulle. Le producteur vous informe des résultats de sa production, des traitements qu'il utilise ou pas, est à l'écoute de vos demandes (il peut décider de faire telle ou telle variété rare ou ancienne d'un légume à la demande des adhérents). Reportez-vous à l'ouvrage de Maud David-Leroy et Stéphane Girou : *AMAP*, aux Éditions Dangles et au site : *http://alliancepec.free.fr*.

Qui sont les « locavores » ?

Voilà un mouvement qui connaît un succès croissant, surtout aux États-Unis et au Canada, mais qui gagne rapidement notre continent européen. Un « locavores » est une personne qui fait le choix de ne consommer que des aliments produits à moins d'une certaine distance de son domicile (100 ou 200 km par exemple). Il existe même des restaurants qui ont adopté ce concept, notamment celui du siège de Google aux États-Unis, le « café 150 », dont tout ce qui y est servi provient de moins de 150 miles de là.

Après tout, il ne s'agit là que d'un retour aux sources, à la vie rurale d'il y a un ou deux siècles, avant que ne se développent les moyens de transport. On mangeait nécessairement local et de saison. Il faudra alors oublier définitivement le goût de l'ananas ou de l'avocat, le raisin au printemps et la fraise en hiver. C'est un choix de vie que vous pouvez tester. Et si l'expérience devient finalement trop contraignante, assouplissez alors la règle et accordez-vous quelques extras. Rien n'est pire que de s'obstiner dans un comportement intégriste et radical à l'encontre de sa joie de vivre et de son bien-être. Toute règle n'existe que pour être transgressée joyeusement de temps à autre. Elle n'en devient que plus facile à respecter. Alors « locavore », pourquoi pas, mais si vous voulez vous offrir un bon café et que vous ne résidez pas en Colombie ou au Kenya, achetez donc un café issu du commerce équitable, ou buvez de la chicorée...

Mangez des plantes sauvages. *De nombreuses plantes sauvages sont comestibles. Il suffit de se baisser pour les ramasser et leur cueillette est l'occasion d'agréables promenades en campagne ou en montagne. Mais faut-il bien les connaître et savoir les préparer car certaines peuvent être toxiques. Attention aussi au lieu où vous les trouvez (évitez les bordures de champs qui peuvent recevoir pesticides et insecticides). Si vous avez déjà goûté des feuilles de pissenlit, de mâche ou du pourpier en salade, savez-vous que vous pouvez aussi manger les boutons de capucine ou de pâquerettes, les crosses de fougères, les faînes de hêtre, préparer une soupe de jeunes feuilles de plantain, faire une purée d'orties, une tisane de feuilles de ronces ou des beignets de bourrache ? De plus, certaines de ces plantes ont des propriétés thérapeutiques reconnues.* Un guide à conseiller : *Dégustez les plantes sauvages,* de François Couplan et Marc Veyrat, éd. Sang de la Terre.

❐ **059** Je me renseigne auprès de producteurs locaux pour obtenir les fruits ou légumes suivants :

- -
- -
- -

❐ **060** Je me renseigne si une AMAP existe à proximité.

Consommer équitable

Écologie : ♥♥♥♥♥ Économie : ♥♥ Mieux-être : ♥♥♥♥♥

L'économie mondiale contemporaine, fondée essentiellement sur une recherche effrénée de profits, provoque de graves déséquilibres chez les producteurs agricoles, notamment ceux des pays en voie de développement. Les intermédiaires et autres distributeurs leur imposent, sans négociation possible, les conditions d'achat au point qu'ils en arrivent parfois à vendre à perte. Le producteur, tout comme le consommateur, sont les premières victimes de ce système. Le lien, qui devrait être naturel entre ces deux extrémités de la chaîne, est aujourd'hui inexistant. Ce commerce ne repose plus que sur de la spéculation à court terme, au détriment de l'environnement social, écologique et culturel.

Le commerce équitable s'est fixé pour objectif « de permettre aux producteurs et aux consommateurs de vivre leur dignité et leur autonomie, en retrouvant la maîtrise et le sens de leurs actes ». (voir la charte de la PFCE sur *www.commercequitable.org*)

L'objectif du commerce équitable est de replacer l'homme au centre même des échanges commerciaux. Le producteur recevra une rémunération lui assurant une vie décente. Le consommateur, quant à lui, aura une garantie de qualité et l'assurance d'une production dans le plus grand respect possible de l'environnement. Ces produits sont aujourd'hui souvent un peu plus chers (mais, tout comme pour le bio, ce prix trouve une justification). Soyez de plus en plus nombreux à les adopter afin que ce concept se développe chaque jour davantage. Un jour alors, ce seront les géants de l'agro-industrie qui s'en trouveront ébranlés. David contre Goliath ?

❐ 061 Je liste l'ensemble des commerçants équitables dans ma région.
Je découvre les produits qu'ils proposent.

Acheter la nourriture au fur et à mesure de ses besoins

Écologie : ♥♥♥ Économie : ♥♥♥ Mieux-être : ♥♥♥

Nous ne sommes pas en temps de guerre ni de pénurie, les magasins regorgent de tous les produits ou aliments nécessaires. Alors pourquoi faire des provisions pour des mois et des mois ? Parce que vous avez eu trois boîtes de thon pour le prix de deux ? Pourquoi accumuler dans son congélateur quantité de nourriture que vous ne ressortirez que six mois plus tard ? Réservez votre congélateur pour les surplus de plats que vous réalisez vous-même, ou pour les fruits et légumes que votre jardin produira trop abondamment en pleine saison. Ainsi, vous ne serez pas démunis lorsque des amis restent dîner à l'improviste et vous ferez vos courses moins fréquemment.

❒ **062** Je range mes placards de nourriture et fais des listes de course avec le strict nécessaire pour une période donnée.

Bannir les produits jetables et les suremballages

Écologie : ♥♥♥♥♥ Économie : ♥♥♥♥

Ils envahissent notre vie et font le bonheur des industriels qui ont trouvé là une source de production inépuisable. Ils se soucient peu de piller les ressources de la planète pourvu que leur chiffre d'affaire croisse et les dividendes itou. Avez-vous réellement besoin d'acheter des serviettes ou essuie-tout en papier, des verres, couverts ou assiettes en plastique, alors que le tissu, le verre, la céramique ou la porcelaine se lavent et resservent presque indéfiniment ?

Il en va de même avec les emballages des produits. Dans bien des cas, cet emballage (coque en plastique inviolable doublée d'un carton imprimé en couleur) a un coût bien supérieur au produit qu'il contient. On conditionne les fruits et légumes dans des barquettes, les viandes dans des récipients en polystyrène scellés de film plastique, les bouteilles d'apéritif dans des boîtes en carton ou en fer blanc... Achetez en vrac chaque fois que vous le pouvez et n'hésitez pas à boycotter tout simplement les produits suremballés. Votre porte-monnaie y gagnera et vous ferez un effort pour la planète.

❒ **063** Je modifie mon comportement d'achat pour éviter le suremballage.

Désencombrez vos placards

Écologie : ♥♥♥ Économie : ♥♥ Mieux-être : ♥♥♥♥

Avez-vous réellement besoin de douze casseroles, six poêles, cinq couteaux de cuisine, trois louches, etc. ? Ne conservez que l'indispensable, vos placards seront mieux rangés, vous ne garderez que les ustensiles vraiment utiles et de meilleure qualité. Donnez tout le superflu à des associations caritatives. Lorsque vous aurez besoin d'un nouvel ustensile, achetez-le toujours d'excellente qualité chez des professionnels. Il sera plus onéreux mais vous fera plus d'usage et vous en prendrez davantage soin.

❒ **064** Je consacre une journée à une opération vide-placard dans ma cuisine.

Buvez ou filtrez l'eau du robinet

Écologie : ♥♥♥♥ Économie : ♥♥♥♥♥

L'eau du robinet contre l'eau en bouteille, un choix écologique, économique et sans risque pour la santé.

Le saviez-vous ? *L'eau en bouteille est en moyenne* ***120 fois plus chère*** *que l'eau du robinet. Les bouteilles en plastique sont fabriquées avec des hydrocarbures, donc des ressources non renouvelables. Bien que recyclables, plus de la moitié ne l'est pas. Et que dire de l'incidence du transport : 25 % des bouteilles d'eau produites dans le monde ne sont pas consommées dans leur pays d'origine !*

La solution : utilisez une bouteille en verre, au goulot assez large. Remplissez-la d'eau du robinet et ajoutez-y 4 ou 5 gouttes de jus de citron pour un litre. Mettez-la au réfrigérateur, sans la fermer, pendant une journée avant de la consommer. Le chlore s'évapore, le citron agit comme antiseptique et supprime tout mauvais goût. Vous en doutez ? Faites donc un test en aveugle auprès de vos amis, ils penseront tous boire de l'eau de source.

Si vous n'avez que trop peu confiance en la qualité de votre eau du robinet, il existe des filtres peu encombrants, à placer sous votre évier, qui éliminent pesticides, engrais et chlore.

❒ **065** J'évite dorénavant d'acheter de l'eau en bouteille.

❒ **066** Je me renseigne sur les systèmes de filtration.

📖 À lire

COFFE Jean-Pierre, *Le plaisir à petit prix - Bien manger en famille pour moins de 9 euros par jour,* Éditions Plon, 2009

COLLECTIF, *Les conserves naturelles des 4 saisons,* Éditions Terre Vivante, 2003

DELECROIX Jean-Marie, *L'apprentissage de la nutrition au quotidien,* Éditions Dangles, 2008

MOULIN Sylvie, *Manger mieux dépenser moins,* Éditions Dangles, 2009

MUNOZ J., *Commerce équitable,* Éditions Michalon, 2008

NORBERG-HODGE Helena, *Manger local,* Éditions Ecosociété, 2005

RIGAUDIER Martine, *330 recettes végétariennes,* Éditions Dangles, 2007

La santé

Une bonne santé commence toujours par une alimentation saine et une bonne hygiène de vie. Le choix de la simplicité volontaire ne peut qu'avoir une incidence positive sur votre santé générale. Car l'excès est la cause de bien des maladies. Cet ouvrage vous invite à mener une vie plus riche de sens, plus stimulante et heureuse, moins passive, à porter plus d'attention à votre nourriture, à vos repas, à la façon de les préparer et de les partager. Il insiste sur un choix raisonné des aliments, tenant compte de leur lieu de production et de leur saisonnalité. Tout cela va dans le bon sens.

Il n'empêche que vous ne serez pas pour autant à l'abri d'un rhume, d'une grippe ou d'autres petits soucis de santé.

Prendre en main sa propre santé

Économie : ♥♥♥♥ Mieux-être : ♥♥♥♥♥

Perdez l'habitude de consulter votre médecin pour le moindre bobo ! Nous sommes tous plus ou moins sujets à des maladies récurrentes. Certains font régulièrement des otites ou des angines, d'autres souffriront souvent de gastro-entérites, et pour bien des maux, vous arrivez très facilement, par habitude, à les identifier dès les premiers symptômes sans risque d'erreur (il est évident que pour tout symptôme inhabituel ou persistant, nous ne pouvons que recommander de consulter le médecin traitant).

Réagissez immédiatement dès l'apparition des premiers symptômes. Beaucoup de maladies bénignes peuvent être enrayées dès le premier jour si l'on utilise immédiatement un traitement naturel adéquat. Privilégiez les médecines douces : phytothérapie, aromathérapie, oligo-éléments, homéopathie, etc. De nombreux remèdes de grand-mères sont très efficaces et éprouvés depuis des siècles. Ne méprisez pas cette tradition ancestrale : nos anciens n'allaient pas consulter le médecin pour une sinusite, une angine ou une plaie mal cicatrisée. Ils connaissaient les plantes et leurs vertus. La littérature en la matière est abondante *(voir la bibliographie)*. Souvent, pour un même mal, ils proposent plusieurs traitements possibles, l'un d'eux vous sera certainement plus approprié. Seule l'expérience le dira. Réalisez vous-même votre propre guide thérapeutique ou carnet de santé. Notez-y les maux et maladies de chacun, les traitements utilisés, les réactions observées, les délais de guérison, etc.

Quelques exemples

Une **angine** peut être stoppée net dès les premiers maux de gorge au moyen de gargarismes de miel et vinaigre auquel on ajoute de l'aspirine en poudre. Le vinaigre peut être remplacé par du jus de citron.

Une **sinusite** sera rapidement enrayée grâce à une pulvérisation nasales d'eau de mer et à des inhalations à base d'huiles essentielles dc lavande, pin, thym et eucalyptus.

Une **otite** ne résistera pas à un cataplasme d'argile maintenu sur l'oreille pendant une nuit entière.

Une **conjonctivite** sera traitée efficacement grâce à une infusion de bleuets pendant environ 20 mn dans de l'eau bouillante. Vaporisez sur les paupières fermées matin et soir.

Une **brûlure** sera rapidement apaisée par l'application de miel qui, de plus, favorisera une meilleure cicatrisation.

Concernant toutes les **maladies de peaux**, psoriasis et eczémas, commencez par supprimer toute utilisation de gels douches et autres savons industriels allergisants pour ne privilégier qu'un savon 100 %

naturel (savon de Marseille ou savon d'Alep). Il faudra peut-être attendre plusieurs mois mais vous constaterez une nette amélioration.

Une **gastro-entérite** ne peut être raisonnablement traitée que par un jeûne quasi strict. Mangez seulement du riz, buvez-en l'eau de cuisson. Buvez beaucoup. La gastro-entérite disparaîtra d'elle même, faute d'être *alimentée*. Il faudra rester très prudent en reprenant progressivement une alimentation normale : bannir, pendant quelques jours, tout produit gras et réputé indigeste. Fiez-vous une fois de plus à votre instinct : dans ce cas de maladie, votre corps sait vous passer des messages pour vous faire comprendre qu'il ne supportera pas tel ou tel aliment. Écoutez-le !

Une **plaie** qui saigne abondamment se refermera en quelques secondes si on y appose une feuille de plantain froissée. Le plantain est une plante très courante sous nos latitudes. Apprenez à la reconnaître et souvenez-vous des endroits où elle pousse. Le moment venu, vous serez heureux de la trouver !

Si vous souffrez de **migraines chroniques**, commencez immédiatement par stopper tout produit contenant de l'aspartame. Cet additif alimentaire est l'un des plus dangereux qui soit et provoque plus de 90 effets secondaires dont certains très graves. Ce n'est pas un hasard si beaucoup de migraineux consomment à longueur de journée des chewing-gums et ingurgitent des litres de boissons light gorgées d'aspartame. Supprimer l'aspartame est souvent suffisant pour faire disparaître définitivement ces migraines.

Une **indigestion** après un repas très lourd ? Tout simplement un grand verre d'eau pétillante avec le jus d'un citron entier.

La **crise de foie** se guérit au radis noir. Ce légume est d'une efficacité redoutable. Il stimule la sécrétion de la bile. Le consommer cru en rondelles ou l'avaler sous forme de jus. Le goût est désagréable, mais c'est souvent le cas lorsque le produit est efficace.

Vous êtes sujets à des **crampes** ? Il existe un traitement miracle (en tout cas inexpliqué) mais très connu en milieu rural et, autrefois, des militaires pendant les campagnes. Frottez les draps du lit, au niveau des jambes, avec du savon de Marseille et laissez quelques copeaux au fond du lit. Si cela vous fait sourire, pensez que ce truc est connu et pratiqué depuis des siècles avec succès. Ne me demandez pas comment ça marche, mais ça marche.

Pour apaiser les **hémorroïdes**, rien de tel que des feuilles de choux vert (sans les nervures) écrasées au rouleau à pâtisserie. La pâte ainsi obtenue a un effet antidouleur instantané.

Nous pourrions prolonger cette liste indéfiniment. Ce n'est pas l'objet de cet ouvrage. L'idée à retenir étant d'apprendre à vous soigner par vous-même grâce à des méthodes naturelles éprouvées. Et si un jour une maladie très grave survient, un traitement allopathique sera alors, par prudence, préconisé. Il ne sera que plus efficace, votre organisme n'ayant pas été saturé à longueur d'année de molécules chimiques.

❐ 067 Je rédige mon propre guide de santé en notant les traitements efficaces qui m'ont réussi : posologie, effets constatés, etc.

❐ 068 J'acquiers une documentation sur le sujet *(bibliographie ci-après)*.

Le jeûne

Économie : ♥♥♥ Mieux-être : ♥♥♥♥♥

Selon Le Quotidien des Médecins, « la restriction calorique est la seule intervention connue capable d'accroitre la longévité des mammifères, c'est aussi un moyen de réduire l'incidence des cancers et de retarder les maladies liées à l'âge ». Les bienfaits du jeûne pour la santé sont maintenant bien établis. Lors d'une période de jeûne, notre organisme se voit contraint de puiser dans ses réserves et va ainsi entamer un processus de détoxication. S'il est prudent de se faire accompagner médicalement pour des jeûnes de longue durée (d'une semaine à un mois), vous pouvez, en revanche, pratiquer une journée de jeûne par semaine en toute sécurité et pour votre plus grand bien.

Le saviez-vous ? *Pour une détoxication plus efficace, il existe des jeûnes en randonnée, médicalement encadrés, selon la méthode du docteur Buchinger. Ils durent une semaine entière avec chaque jour environ cinq heures de marche. La seule alimentation consiste en eau, tisanes, jus de fruits et bouillons. Si les deux premiers jours sont parfois difficiles, les suivants procurent aux randonneurs une euphorie surprenante accompagnée d'une étonnante vitalité. Une expérience à tenter afin de régénérer complètement votre organisme.*

❐ **069** Je choisis de jeûner un jour par semaine, le :

❐ **070** Je me renseigne sur le jeûne-randonnée.

À lire

BERNADET Marcel, *Phyto-aromathérapie pratique,* Éditions Dangles, 2007

BINET Claude, *Homéopathie pratique,* Éditions Dangles, 2007

BINET Claude, *Oligo-éléments et oligothérapie,* Éditions Dangles, 2007

DARRIGOL Jean-Luc, *Apithérapie*, Éditions Dangles, 2007

DEXTREIT Raymond, *L'argile qui guérit,* Éditions Vivre en Harmonie, 1993

GOUGET Corinne, *Additifs alimentaires danger,* Éditions Chariot d'Or, 2006

RAMAIAH Savitre, *Digitopuncture au quotidien,* Éditions Chariot d'Or, 2007

ROULIER Guy, *Les huiles essentielles pour votre santé,* Éditions Dangles, 1999

SECONDÉ Jean-Claude, *Rajeunir jusqu'à 100 ans,* Éditions Delville-Santé, 2004

SHELTON Herbert, *Le jeûne,* Éditions Courrier du Livre, 1992

Sur le web

www.01sante.com www.mere-nature.com

Les déplacements

S'il est un domaine que nous devrions reconsidérer complètement, c'est bien celui des transports. Que ce soit pour le travail ou les loisirs, nos choix ne sont pas toujours les plus raisonnables et tendent rarement vers la simplicité. La voiture est reine, nous ne pouvons ou ne souhaitons nous en passer, nous y sommes affectivement très attachés (sans doute les hommes plus que les femmes). La voiture est, pour beaucoup, un rêve de petit enfant. Qui n'a pas joué avec des modèles réduits en espérant secrètement posséder un jour, une fois adulte, cette superbe Ferrari rouge... Ne nous étonnons pas si, une fois devenu grand garçon, nous dépensons toutes nos économies jusqu'au surendettement pour réaliser nos rêves d'enfants. Avons-nous un véhicule réellement adapté à nos besoins ou n'est-ce pas plutôt un joujou pour faire enfin « vroum vroum » en vrai ? La mode du *tuning*, qui ne date pas d'hier, le confirme bien.

Aujourd'hui, des impératifs écologiques et économiques forts nous incitent vivement à repenser nos habitudes en matière de transport. Il était temps. Alors passons en revue quelques propositions.

Se rendre au travail - La solution du covoiturage

Écologie : ♥♥♥♥♥ Économie : ♥♥♥♥♥ Mieux-être : ♥♥♥

Vous trouverez bien des raisons pour ne pas franchir le pas : aucun de vos collègues ne réside près de chez vous, les horaires ne correspondront pas, et que faire lorsqu'une réunion vous retient plus tard au bureau ? Puis vous avez vos petites habitudes, écouter telle station de radio ou vous passez en boucle vos musiques préférées, le volume à fond.

Vous êtes-vous réellement inquiété de savoir si des collègues habitent près de chez vous ? Une petite annonce sur le tableau d'affichage de l'entreprise vous renseignera vite. Sinon, adressez-vous au responsable du personnel. Impliquez votre entreprise dans le choix du covoiturage. Si votre société a un comité d'entreprise et des délégués du personnel, mettez ce sujet à l'ordre du jour d'une réunion. Incitez votre employeur à jouer le jeu du covoiturage à son niveau. Il répondra plus favorablement si la demande émane d'un représentant du personnel.

Premier point : l'employeur peut s'engager à ne faire aucune réunion en fin de journée qui risquerait d'obliger certains à rester au-delà de l'heure habituelle. Il peut aménager, pour les candidats au covoiturage, les horaires de travail. Il suffit parfois de les décaler d'un quart d'heure ou d'une demi-heure sans perturber pour autant le bon fonctionnement du service. Il peut demander au responsable des Ressources humaines d'aider à l'organisation du covoiturage, ne serait-ce qu'en établissant une carte mettant en évidence les proximités géographiques des employés. La Direction, soucieuse de préserver la paix sociale, verra là une opportunité de montrer qu'elle peut faire un effort pour ses employés, effort qui finalement, en termes de masse salariale, ne lui coûtera rien.

Deuxième point : vous apprécierez rapidement d'avoir un compagnon de route avec qui bavarder pendant le trajet ou à qui faire découvrir vos musiques préférées. Avoir un passager attentif à la circulation optimise la sécurité. Au fil de la conversation, vous découvrirez probablement que votre collègue partage certains centres d'intérêt avec vous.

Troisième point, et non des moindres : covoiturez à deux et vous divisez la facture de carburant par deux, et à trois c'est autant d'économisé. Votre véhicule consomme 6 litres au cent, mais vous ne l'utilisez plus qu'une semaine sur trois, c'est comme s'il ne consommait plus que 2 litres au cent... Vous parcourrez, du coup, beaucoup moins de kilomètres par an. Or, beaucoup de compagnies d'assurance prévoient des primes avantageuses pour faible kilométrage. Elles en font rarement la publicité. Si votre assureur répond par la négative, dites-lui votre intention de changer de compagnie. Vous serez alors surpris qu'il vous trouve finalement un contrat adapté.

Alors, si vous le voulez vraiment, le covoiturage est possible. Si ce n'est pas avec des collègues de votre entreprise, interrogez les entreprises voisines.

Le covoiturage ne se limite pas à la sphère du travail : groupez-vous pour aller faire les courses, vous rendre à un club d'activité, accompagner les enfants à leur club de sport...

Vous pourrez faire également de longs trajets pour une somme modique. Plusieurs sites Internet facilitent l'organisation de covoiturage comme, par exemple : *www.covoiturage.fr - www.covoiturage.com - www.123envoiture.com - www.easycovoiturage.com.*

❒ **071** Je pratique déjà le covoiturage, mais je peux essayer d'y faire participer d'autres coéquipiers.

❒ **072** Je me renseigne auprès de mon entreprise (CE, délégués du personnel ou DRH) des possibilités d'une organisation de covoiturage en participation avec la direction.

❒ **073** Je demande à mon assureur une prime réduite pour faible kilométrage.

Et le train ?

Écologie : ♥♥♥♥♥ Économie : ♥♥♥♥♥ Mieux-être : ♥♥♥

Je vous entends d'ici maugréer. Les horaires ne sont pas pratiques, les temps d'attente trop longs aux correspondances, la gare qui n'est pas proche de votre domicile ou de votre lieu de travail et enfin les grèves fréquentes... Comme pour le covoiturage, tous les prétextes sont bons pour écarter l'idée.

Vous êtes-vous renseigné sur les horaires ? Avez-vous examiné toutes les options en incluant les autres transports en commun pour finir le trajet de la gare jusqu'à votre travail (bus, vélo...) ? Un vieux vélo, même brinquebalant, peu enclin à se faire voler, peut largement suffire pour parcourir chaque jour 500 mètres ou un kilomètre... Qu'importe s'il reste attaché toute la nuit ou tout le week-end sur un parking. S'il disparaît un jour, vous en trouverez bien un autre d'occasion pour quelques euros dans un dépôt vente.

Maintenant, considérez plutôt les avantages offerts par le train.

L'économie : un abonnement travail au mois est très avantageux comparé au carburant dépensé et à l'entretien d'un véhicule individuel. Les employeurs sont maintenant tenus d'en prendre la moitié à leur charge (Décret du 30 décembre 2008).

Le repos : la conduite, quoi qu'il y paraisse, est fatigante et demande une attention permanente.

La sécurité : le train offre toutes les garanties en la matière contrairement à la voiture (bien que les accidents n'arrivent qu'aux autres...)

Le loisir : loisir de lire, d'écouter sa musique préférée sur son MP3 sans déranger les voisins, loisir de converser avec des voisins qui n'ont pas de MP3.

Le travail : si le trajet domicile/travail est sensiblement plus long qu'en voiture, n'oubliez pas la possibilité, selon la nature de votre travail, de compenser cette perte de temps grâce à un ordinateur portable.

La régularité : vous vous plaignez bien facilement d'un retard de train mais que dire des nombreux bouchons qui vous retardent sur la route ?

- ❏ **074** Je me renseigne si les horaires de train sont en adéquation avec mes horaires de bureau.
- ❏ **075** Je fais le calcul de l'économie réalisée par rapport à la voiture.
- ❏ **076** Je m'engage à faire l'essai pendant un mois entier et je fais un bilan.

Quelle voiture ?

Écologie : ♥♥♥♥ Économie : ♥♥♥♥

Votre véhicule est-il réellement adapté à vos besoins ? Avez-vous un 4x4 alors qu'il ne répond à aucune utilité particulière ? Votre voiture fait 200 chevaux, consomme 12 litres au cent et atteint les 230 km/h alors que votre travail se trouve à 5 kilomètres, que vous empruntez une route départementale limitée à 70 km/h et qu'un véhicule ordinaire vous y conduirait tout aussi rapidement en consommant trois fois moins ? Avez-vous deux véhicules, voire trois, alors qu'un seul suffit aux besoins de la famille ? Avez-vous un véhicule, un seul, alors que vous pourriez vous en passer en optant pour la location les rares fois où il vous serait indispensable ?

Alors visez juste ! Si votre profession vous amène à faire 50000 km par an, choisissez, bien évidemment, une berline confortable, mais si vous ne faites qu'un court trajet matin et soir, optez pour un véhicule peu coûteux à l'achat et très économique à l'usage. Envisagez toutes les alternatives possibles, le vélo, le vélo électrique, le « deux roues » motorisé, la location et, bien sûr, tous les transports en commun que la communauté met à votre disposition. Ces derniers sont trop peu fréquents et bondés ? Dites-vous que plus vous serez nombreux à les utiliser et plus leur nombre et leur fréquence augmenteront.

Une dernière constatation : il est bien terminé le temps où l'on jaugeait la fortune ou la réussite de quelqu'un à sa voiture. N'ayez aucun complexe, bien au contraire, à rouler dans une petite voiture alors que vous pourriez vous offrir l'énorme berline allemande qui vient de sortir au dernier Mondial de l'automobile. Les temps changent… Prenons l'exemple de la Logan de Dacia : cette voiture a été conçue de manière à pouvoir être vendue à un prix très serré à ceux qui ont le moins de pouvoir d'achat. Quelques mois plus tard, quelle ne fut pas la surprise du constructeur en analysant le profil socioprofessionnel des acquéreurs de Logan : c'est la classe dite moyenne qui se précipite sur ce modèle et allonge les listes d'attente. Alors que les plus démunis se saignent à blanc, à grands renforts de crédits à la consommation, pour s'offrir une voiture plus prestigieuse, plus puissante, plus bardée d'options, plus rouge... Qu'avez-vous réellement à prouver ?

Votre vraie richesse est intérieure, ne l'oubliez jamais ! Quoi que vous en pensiez, c'est celle-là et celle-là seule qui fera l'admiration de vos proches. Et c'est celle-là seule qui ne sera jamais tributaire d'aucune crise financière ni d'aucun crash boursier !

❐ 077 Je reconsidère de manière pragmatique mes réels besoins en matière de véhicule.

❐ 078 Je fais un tableau comparatif des coûts réels de mon véhicule par rapport à un véhicule plus simple et mieux adapté à mes besoins (consommation, entretien, assurance).

❐ 079 Je choisis de privilégier un véhicule simple et fiable, sans option superflue.

***Fiabilité**. Pour connaître les modèles les plus fiables, renseignez-vous auprès de magazines automobiles, ou mieux, de défense de consommateurs, qui établissent régulièrement des classements. Demandez aussi aux garagistes indépendants qui sont de bons conseillers et connaissent très bien les faiblesses chroniques de chaque modèle. Enfin, pour choisir une berline de classe supérieure, demandez conseil aux chauffeurs de taxi. Ils ont eu entre leurs mains de nombreux modèles, ils parlent beaucoup « voiture » avec leurs confrères, et s'ils vous disent que tel véhicule est très fiable, vous pouvez les croire sur parole compte tenu de ce qu'ils leurs font endurer !*

***Entretien**. Vous pouvez réaliser par vous même l'entretien de base de votre véhicule. Bien que les constructeurs conçoivent leurs nouveaux modèles de manière à ce qu'un particulier, voire même un garagiste indépendant, ne puisse y intervenir qu'au minimum, vous pourrez toujours faire une vidange, contrôler les niveaux, changer les quelques* *filtres, ampoules ou plaquettes de frein par vous-même. Les déchetteries récupèrent les huiles de vidange. Quant aux balais d'essuie-glaces, ne changez plus le support entier. Achetez des lames de caoutchouc de rechange adaptables sur tous modèles (vendues depuis peu dans le commerce, mais sans grande publicité). Tout comme nous vous invitions à davantage d'autonomie en matière de santé, apprenez à entretenir votre véhicule sans recourir systématiquement à votre garagiste.*

L'éco-conduite

Écologie : ♥♥♥♥ Économie : ♥♥♥♥ Mieux-être : ♥♥♥♥

Révisez fondamentalement votre façon de conduire et votre rapport à la vitesse. Conduire est naturellement déjà assez stressant sans avoir besoin de faire monter encore davantage l'adrénaline. Tous les spécialistes de la Sécurité routière vous mettent en garde sur le danger que représentent une vitesse excessive ou le non-respect des distances de sécurité. La route n'est pas un circuit de courses automobiles et vous n'en êtes pas le seul usager. La voiture n'est pas un jouet mais avant tout un moyen de locomotion. Alors pourquoi ne pas adopter une nouvelle attitude au volant ?

Le saviez-vous ? *Une conduite douce (ou éco-conduite) permet d'économiser entre 7 et 15 % de carburant. Bien conscientes de ce fait, de nombreuses entreprises et administrations proposent à leurs chauffeurs des stages de conduite douce. La Poste et la RATP viennent de les mettre en place. Plusieurs entreprises de transport routier ont déjà organisé leurs propres stages d'éco-conduite avec succès. Il est démontré que les conducteurs formés à l'éco-conduite dans le cadre de leur profession appliquent tous cette méthode avec leur véhicule privé. Faites une expérience et un rapide calcul : vous devez parcourir 50 kilomètres sur une autoroute. Si vous roulez à 110 km/h au lieu de 130, vous arriverez en 27 minutes au lieu de 23. Vous aurez consommé 15 % de carburant en moins. Et si vous partiez tout simplement (et tranquillement) quatre minutes plus tôt ? Que* *sont quatre minutes dans votre journée (et dans votre vie) ? Vous arriverez plus serein, vous courrez moins de risques d'accidents, de contravention pour excès de vitesse, le confort du véhicule est meilleur et l'habitacle plus silencieux, vous passerez moins souvent à la pompe et polluerez moins. Et tout ce bénéfice ne coûte que quatre toutes petites minutes ! Alors, vous tentez l'expérience ?*

Un site parmi d'autres : *www.eco-conduite.net*

Quelques conseils

Conduisez paisiblement. Les accélérations brutales et les coups de freins brusques ne servent à rien (si ce n'est à consommer beaucoup plus de carburant et à user prématurément les plaquettes de frein). Lorsqu'un feu passe au rouge, vous laissez-vous glisser en roue libre ou freinez-vous au dernier moment ? Laisser traverser un piéton va-t-il vous retarder ?

Faites preuve de patience et de courtoisie. Pourquoi s'énerver et klaxonner un véhicule qui cherche sa route ? Soyez honnête avec vous-même : n'avez-vous jamais été dans la même situation, et bien sûr passablement irrité qu'on vous klaxonne comme un abruti ? Alors pourquoi le faites-vous à votre tour ?

❐ 080 Je fais l'expérience de conduire plus calmement.

❐ 081 Je note ma consommation de carburant pour mesurer les économies réalisées.

❐ 082 Je proscris l'usage du klaxon, hors cas de danger imminent.

Supprimer tout véhicule inutile

Écologie : ♥♥♥♥♥ Économie : ♥♥♥♥♥ Mieux-être : ♥♥♥

Avez-vous réellement besoin d'un 4x4, d'un quad, d'une moto tout terrain, d'un jet ski, d'une moto neige, d'un bateau à moteur ?

Autant de véhicules dont vous ne vous servez que très rarement, que vous devez entretenir et assurer, qui encombrent votre garage, qui polluent la nature, qui nuisent à la faune et à la flore et incommodent les promeneurs aspirant au calme... Il existe bien d'autres loisirs à découvrir, tout aussi passionnants et beaucoup plus écologiques et économiques.

❒ **083** Je décide de revendre les véhicules suivants :

-
-

Redécouvrir la marche à pied

Écologie : ♥♥♥♥♥ Économie : ♥♥♥♥♥ Mieux-être : ♥♥♥♥♥

Sensationnelle marche à pied ! Encore plus naturelle que le footing et à la portée du plus grand nombre. On peut marcher chacun à son rythme, soit pour le plaisir, soit pour un déplacement nécessaire.

Pourquoi ne pas faire vos courses au marché du quartier ? S'il est situé à un ou deux kilomètres, vous ne mettrez qu'un quart d'heure ou une demi-heure. Emportez un petit sac à dos très pratique pour rapporter vos achats. Si vous avez moins de temps, adoptez le vélo muni d'un panier à provision fixé sur le porte-bagages ou sur la roue avant. Ou pourquoi pas le roller ?

Organisez des marches de loisir avec vos amis. Fixez-vous une destination agréable, il ne manque pas dans nos campagnes (et même en ville) d'itinéraires balisés. En plus de l'exercice physique excellent pour votre santé, vous partagerez un moment chaleureux entre amis qui ne fera que renforcer vos liens. Trouvez un but à votre expédition : visiter une ancienne chapelle, un château en ruine, partir en forêt ramasser des châtaignes ou cueillir des champignons. Vous pouvez aussi décider de constituer un herbier, faire des photos de paysages ou des aquarelles, répertorier les arbres remarquables de votre région.

Utilisez la marche comme un antistress. Pour cela, elle ne doit pas être trop courte. Partez pour au moins deux heures. C'est la durée idéale pour faire disparaître totalement le stress accumulé au travail (ou à la maison) pendant la semaine. La première demi-heure, votre esprit sera encore accaparé par vos préoccupations du moment, puis, lentement, il lâchera prise et vous profiterez pleinement de ce moment de relaxation qu'est la marche. Vous observerez le paysage, vous écouterez les oiseaux et votre pensée vagabondera bien loin de vos soucis habituels.

Évitez de vous encombrer d'un baladeur. Pourquoi mobiliser votre ouïe alors que c'est justement l'occasion de profiter des bruits de la nature et des animaux. Votre attention à l'environnement n'en sera que meilleure.

Enfin, vous serez surpris, le soir venu, de vous endormir comme un bébé. La fatigue musculaire est l'un des meilleurs somnifères.

Alors retrouvez le plaisir de la marche, peu importe que ce soit par nécessité ou pour le loisir. Votre organisme vous en sera reconnaissant.

Connaissez-vous les barefooteurs ?

Ce sont les adeptes de la marche pieds nus, en ville comme à la campagne. Il est délicieux de redécouvrir, sous la plante de ses pieds, le contact direct avec le sol. A fortiori sur une pelouse fraiche ou sur du sable humide en plein été. Que ce soit pour libérer ses pieds de la contrainte des chaussures, pour que le corps retrouve enfin le contact avec la terre mère, pour décharger son électricité statique, pour ne plus transpirer ou, plus simplement, pour se sentir libre, les motivations des barefooteurs sont multiples.

Plusieurs sites web leur sont consacrés, qui leur permettent de se réunir pour faire des randonnées les orteils à l'air.

Par exemple : http://le-rib.forumpro.fr

Randonnées pour citadins

Renseignez-vous sur les destinations des lignes de bus et de trains régionaux. Vous pouvez prendre un transport en commun vous déposant loin de la ville et regagner à pied le terminus ou une station d'une autre ligne. Vous n'êtes pas ainsi obligés de faire une boucle, la randonnée n'en devenant que plus agréable.

Informez-vous sur les horaires (souvent différents le week-end) pour ne pas avoir de mauvaise surprise à l'arrivée. Vous trouverez, notamment sur la région parisienne, des guides proposant de telles randonnées en relation avec les transports en commun.

❒ **084** Je liste mes déplacements habituels les plus courts et j'estime leur temps en marche (on parcourt cinq à six kilomètres par heure). Je choisis d'en effectuer certains à pied.

❒ **085** Je propose à mes amis une sortie randonnée régulière, chacun son tour choisissant l'itinéraire.

❒ **086** Je me procure la carte IGN détaillée de mon secteur.

L'argent

Comment appréhendez-vous l'argent ? On devrait le considérer comme un moyen pratique de faire plus aisément du troc (c'est bien là son origine). J'échange du temps, de la quantité ou de la qualité de travail (traduits par une rémunération) contre des objets ou services (que je peux m'offrir au moyen de cette rémunération). Mais nous n'avons pas tous une idée aussi simple de l'argent. Nombreux sont ceux qui entretiennent avec lui une relation pervertie, qui en sont esclaves, qui le dilapident ou au contraire le thésaurisent à l'excès. Alors qu'il ne devrait être qu'un simple outil : tout comme j'ai besoin d'une bêche pour bêcher mon jardin, j'ai besoin d'argent pour acheter une bêche (à moins que je ne connaisse un fabricant de bêche qui m'en échangera une contre 3 kg de carottes... de mon jardin).

Toute la difficulté est d'être conscient d'avoir assez d'argent. Et cette notion-là est bien relative d'un individu à l'autre. L'adepte de la simplicité volontaire a peu de besoins et, donc, se contente de peu d'argent. Il gérera ses revenus de la manière suivante : un budget frugal pour faire face à ses modestes besoins vitaux, et l'excédent qu'il utilisera pour s'offrir du beau et de l'utile, du très beau et du très utile.

❒ 087 J'évalue mon budget vital et j'en déduis mon budget excédentaire que je réserve à des achats nobles.

Ma banque, mon argent et moi...

La gestion de notre argent doit-elle devenir toujours plus complexe ? Nous mettons parfois en place, dans ce domaine, des stratégies gourmandes en temps et en énergie pour réaliser des économies ridicules. Vous trouverez ici quelques conseils pour que l'argent ne devienne plus votre préoccupation principale.

Les services bancaires

Économie : ♥♥♥♥ Mieux-être : ♥♥♥

Révisez tous les services bancaires payants qu'on vous propose ou vous impose plus ou moins à votre insu. Prenez rendez-vous avec votre banque et faites le point complet. Avez vous besoin de tel service payant de découvert alors que vous n'avez jamais de découvert ? Avez-vous besoin de pouvoir consulter votre compte sur le web alors que vous ne le faites jamais ? Au contraire, avez-vous besoin de recevoir un relevé de compte par la poste alors que vous y avez accès depuis le web ? Toutes les assurances comprises dans votre carte de crédit *super gold premium silver* vous servent-elles ?

❐ <u>088</u> Je prends rendez-vous et j'annule toutes les prestations bancaires inutiles.

Les envois de publicité

Écologie : ♥♥♥♥ Économie : ♥♥♥♥♥ Mieux-être : ♥♥♥♥

Demandez à votre banque d'annuler tout envoi publicitaire. Vous devez recevoir deux ou trois fois par mois des propositions de placements, de nouvelles cartes de crédits, de comptes épargnes à rendements mirifiques, d'offres de crédits, etc. Stop Pub !

❐ <u>089</u> Je demande formellement à ma banque de stopper toute publicité.

Racheter tous ses crédits

Économie : ♥♥♥♥ Mieux-être : ♥♥♥♥

Si vous avez plusieurs crédits auprès de différents organismes, faites un bilan complet et rachetez tous ces crédits (qui sont souvent à des taux prohibitifs) au moyen d'un seul crédit âprement négocié. Sachez que vous obtiendrez toujours de meilleurs taux en vous adressant à une autre banque que la vôtre. Si votre cas est critique, envisagez alors de saisir la commission de surendettement.

Des conseils sur : *http://vosdroits.service-public.fr*
ou sur http://sos-net.eu.org/surendett

❐**090** Je renégocie l'ensemble de mes crédits.

Le surendettement*. Il y aurait en France plus de 700 000 familles lourdement surendettées, mais d'autres sources estiment que plusieurs millions de personnes sont concernées par ce véritable fléau qui, à y regarder de plus près, est parfaitement voulu et même organisé. Car sans crédit, point de consommation. C'est pourquoi les organismes de crédit semblent bénéficier d'une totale impunité pour sévir à l'encontre des règlements et recommandations en la matière. Ils se soucient peu de connaître votre taux d'endettement global (qui ne devrait pas dépasser 33 % de vos revenus) et ferment les yeux sur bien des dossiers douteux. Pourtant, si les pouvoirs publics le souhaitaient vraiment, les solutions seraient simples. Il suffirait d'un fichier central sur lequel tout organisme de crédit pourrait vérifier le niveau d'endettement du demandeur et inscrire tout nouveau crédit accordé, jusqu'à la limite des 33 %. Quant aux familles déjà en situation critique, le gouvernement pourrait obliger tous leurs créanciers à ramener les taux d'intérêt à 5 % par exemple, au lieu des 20 % parfois observés pour des crédits à la consommation. Les banques reçoivent des aides de l'état, voilà une mesure qui permettrait d'en faire bénéficier à leur tour ceux qui en ont le plus besoin.*

Ne conserver qu'un seul compte en banque

Économie : ♥♥♥ Mieux-être : ♥♥♥

Pourquoi donc avoir plusieurs comptes courants ? C'est du temps de gestion supplémentaire, le risque de se retrouver à découvert sur l'un alors que l'autre est créditeur. Vous multipliez le nombre de relevés et autres paperasses. Dans quel but ?

❐**091** Je ferme mes comptes bancaires superflus.

Ne conserver qu'une seule carte de crédit

Économie : ♥♥♥ Mieux-être : ♥♥♥

Pourquoi en détenir plusieurs ? Parce que l'une vous donne droit à des miles et l'autre vous procure une assurance lorsque vous voyagez ? Vous augmentez les risques de perte, de vol, d'oubli de code, pour des bénéfices insignifiants.

❒**092** Je garde une seule carte de crédit.

La bourse

Économie : ♥♥♥ Mieux-être : ♥♥♥♥

Pourquoi passer du temps à boursicoter ? Vous êtes abonné à des revues spécialisées dans la finance, vous achetez des actions, vous les revendez, vous regardez sur le câble les chaînes spécialisées en bourse, vous faites de savants calculs pour savoir quand revendre et combien vous allez gagner sur cette opération. Lorsque la bourse flanche, vous ne dormez plus la nuit, vous ne savez plus s'il faut vendre ou attendre, vous passez de plus en plus de temps sur Internet à chercher les bons tuyaux... Passionnant, mais quel bénéfice en retirez-vous par rapport au temps passé ? Lorsqu'un crash boursier survient, comme à l'automne 2008, vous perdez en quelques jours le crédit de plusieurs années de boursicotage.

Ne croyez-vous pas qu'il serait temps de vivre un peu plus simplement et de consacrer vos loisirs à des activités autrement plus intéressantes et enrichissantes (en terme culturel et non financier) ?

❒**093** Je solde toutes mes actions une fois pour toutes.

Mensualiser ses dépenses

Économie : ♥♥♥♥ Mieux-être : ♥♥♥♥

Je ne suggère pas de payer mensuellement ses impôts ou ses assurances, ce qui revient à offrir de la trésorerie à ces organismes. En revanche, bloquez sur un compte épargne chaque mois les sommes nécessaires au paiement des charges qui reviennent tous les semestres ou tous les ans.

Par exemple, vous avez 1500€ d'impôts (revenu, locaux, fonciers…), 1000€ d'assurances diverses, 1000€ de scolarité, 2500€ de vacances, soit un total de 6000€. Mettez alors sur un compte épargne 500€ par mois. Lorsque ces factures ou dépenses arriveront, payez-les sur ce compte. Ce sera indolore et la gestion de votre budget sera considérablement simplifiée.

❐ 094 Je calcule le total de ces charges annuelles et je programme un virement mensuel sur un compte épargne.

Se débarrasser de toute la paperasse inutile

Mieux-être : ♥♥♥♥

Rien ne sert de conserver pendant dix ans des relevés de comptes, des tickets de retraits d'espèces au distributeur, des tickets de caisse, des talons de chéquiers, etc. La loi fiscale impose de conserver les documents bancaires pendant une période de cinq ans, sauf cas exceptionnels. Ne soyez pas plus royaliste que l'administration !

❐ 095 Je fais du tri dans mes papiers et relevés bancaires.

Enfin, mais ceci a déjà été largement développé, **faites du troc et de l'échange de service**. Chaque fois que l'occasion se présente de ne pas monnayer un objet ou un service, optez pour la solution alternative, pour le réseau parallèle, prenez la tangente !

Le Travail

Quantité ou qualité ? Plaisir ou contrainte ?

Vivre de manière simple dans le cadre du travail ? Partant du principe que le travail occupe la moitié de votre vie, la question mérite d'être posée.

Travaillez-vous pour le plaisir ?

Travaillez-vous simplement pour gagner de quoi vivre, travaillez-vous pour apprendre un métier, des métiers, vous former, vous enrichir intellectuellement et progresser, travaillez-vous pour le plaisir ? Sept pour cent des Français partent au travail par plaisir. C'est infiniment peu. En faites-vous partie ? Cela vous semble irréalisable, réservé à une élite ou à une poignée de chanceux dont vous ne serez jamais ? **Méditez plutôt le conseil suivant** : choisissez une activité qui vous passionne. Pratiquez-là le plus souvent possible jusqu'à la maîtriser parfaitement. Ensuite, arrangez-vous pour que l'on vous paye pour la pratiquer (ou l'enseigner). Vous faites enfin partie des 7 % de Français heureux de travailler.

Parlons maintenant des 93 % restants : avez-vous un travail qui soit adapté à vos réels besoins ? Si certains triment dix heures par jour et six jours par semaine juste pour gagner de quoi vivre, d'autres en revanche ont un rythme de travail effréné dans le seul objectif de gagner encore et toujours plus. Mais en retirent-ils une réelle satisfaction ? Certes, ils peuvent acheter tout ce qu'ils souhaitent, mais ont-ils le temps de profiter de leur famille, de leurs amis, ont-ils assez de disponibilité pour pratiquer des loisirs ? Alors pourquoi ne pas diminuer ce rythme infernal, quitte à avoir un revenu en baisse de 20 ou 30 % ? Moins de stress, plus de loisirs simples et authentiques, une vraie vie de famille et de la disponibilité pour ses enfants… Si tel est votre cas, posez-vous la question de savoir ce que cache cet abrutissement au travail.

Des informations utiles sur le travail à temps partiel sur : *www.parciel.fr*

Le travail : un espace d'enrichissement personnel

Abordons maintenant un autre cas de figure : vous travaillez contraint et forcé, pour le salaire de fin de mois, pour faire bouillir la marmite et il n'est pas toujours facile de joindre les deux bouts. Le chômage guette, la direction n'écoute aucune revendication, les chefaillons mettent la pression, le travail est rébarbatif, mais il faut faire le dos rond en attendant d'hypothétiques augmentations. Triste perspective. La moitié de votre vie est déprimante, l'autre, par contrecoup, pas bien gaie.

Mais pourquoi donc faudrait-il que votre travail soit par définition une galère ? Pourquoi ne pas l'envisager comme un espace où vous allez décider de vous enrichir, d'apprendre chaque jour un peu plus, de vous investir, de vous former à de nouvelles technologies, de perfectionner telle ou telle langue par le biais de formations professionnelles ? Parce que cet investissement personnel ne se traduit par aucune augmentation de salaire ? Peut-être bien (du moins à court terme), mais que faites-vous de l'enrichissement personnel, du savoir acquis ? Considérez votre travail comme un lieu propice à votre épanouissement, acquérez chaque jour un peu plus d'expérience et de savoir, instruisez-vous, intéressez-vous, impliquez-vous. **Vous ne faites pas un cadeau à votre patron, vous vous faites un cadeau à vous-même**. Et le jour viendra où l'on vous proposera un poste plus intéressant, dans cette entreprise ou dans une autre (car les employeurs sont toujours à la recherche de savoirs et de compétences). Si le chômage survient, vous voilà beaucoup mieux armé pour affronter le marché de l'emploi.

Le concept de vivre simplement n'est en aucun cas une démarche passive et statique. Plus vous acquerrez de compétences, plus votre travail deviendra agréable et mieux rémunéré, et mieux vous vivrez. Rappelez-vous ! Depuis le début de cet ouvrage, nous prônons un choix *volontaire* de vie simple, pas contraint et forcé.

❐ **096** J'envisage la possibilité de réduire mon temps de travail.

❐ **097** Je choisis de me former et d'acquérir de nouvelles compétences. Je me renseigne sur les formations possibles dans le domaine suivant :

-

Le travail à domicile ou télétravail

Écologie : ♥♥♥♥♥ Économie : ♥♥♥♥ Mieux-être : ♥♥♥♥

Deux manières de l'envisager :

1/ Il est possible que le travail que vous effectuez dans votre entreprise puisse se faire depuis votre domicile. Vous n'y avez jamais pensé jusqu'alors, ou bien vous vous dites que votre employeur ne l'acceptera pas. Et pourquoi donc ? Votre employeur peut y trouver son intérêt. Ses locaux sont trop exigus et il a besoin de se développer ? Il peut éviter de s'agrandir en libérant des bureaux grâce au travail à domicile. Il pourrait craindre que votre production soit moindre ? Pour bien des postes, il devient très facile de vérifier aussi bien la qualité que la quantité de travail réalisé. Vous serez même probablement plus productif car moins fatigué : une heure de transport en moins et c'est un réveil qui sonne une heure plus tard !

2/ Si votre travail actuel ne s'y prête pas, si votre employeur s'y refuse, vous pouvez alors chercher un nouveau travail se faisant à domicile. Attention aux petites annonces très attractives de gains rapides. Il s'agit souvent d'arnaques, de revenus plus qu'hypothétiques reposant sur des systèmes pyramidaux. Privilégiez de vraies entreprises ayant pignon sur rue et prenez tous les renseignements nécessaires avant de vous engager.

Les avantages du travail à domicile sont conséquents : vous faites l'économie du poste transport qui peut s'avérer très lourd sur un salaire (cette option peut vous permettre de ne posséder qu'un seul véhicule au lieu de deux). Sans compter le gain de temps (une à deux heures par jour passées en voiture ou dans les transports en commun). Plus de stationnement à trouver ni de contravention sur le pare-brise. Par contre il vous faut prévoir impérativement un espace dédié dans votre maison ou appartement. Ce bureau doit être calme et bien aménagé. Vous ne devez pas y être dérangé. Si vous travaillez sur ordinateur, il ne doit servir à rien ni à personne d'autre. Vous devrez vous imposer des horaires de travail et habituer vos proches à ne pas vous déranger inutilement. Les avantages sont également nombreux pour votre employeur : plus de retard pour cause de transport, une meilleure implication du salarié, des relations sociales plus harmonieuses, une réduction sensible des frais généraux, moins d'arrêts maladie du fait de la diminution du stress, etc.

Attention, le télétravail peut être mal vécu par certains salariés. La fréquentation de collègues peut rapidement vous manquer si vous avez besoin de ce lien social. Tout comme certains représentants de commerce ne peuvent imaginer se sédentariser, certains employés ne pourront jamais rester à leur domicile. Il leur manquera l'ambiance du travail en équipe. D'autres au contraire, plutôt solitaires ou indépendants, y trouveront parfaitement leur compte et seront même beaucoup plus productifs. De quelle catégorie faites-vous partie ? Posez-vous cette question avant de vous engager. Ayez également à l'esprit que travailler à domicile dégage plus de temps libre que vous pourrez occuper par une activité sociale (association, bénévolat, etc.) vous permettant de retrouver ce lien avec les autres.

Pour information, le télétravail est régi par un accord national interprofessionnel du 19 juillet 2005 (disponible sur www.journal-officiel.gouv.fr). Voir aussi : www.travail-a-domicile.net.

❐**098** Je me renseigne sur la possibilité de télétravail auprès de mon employeur.

❐**099** Je cherche un nouvel emploi en m'orientant vers du travail à domicile.

Travailler à son compte

Écologie : ♥♥♥♥ Économie : ♥♥♥♥ Mieux-être : ♥♥♥

Une grande partie de ce qui a été dit précédemment sur le télétravail est également valable pour cette rubrique. Vous lancer dans une activité à votre compte nécessite une étude de marché préalable très approfondie. Il vous faudra aussi d'excellentes qualités de gestionnaire. Il ne suffit pas simplement de faire rentrer de nouveaux contrats et d'additionner du chiffre d'affaires. Il ne faut pas confondre sommes encaissées et salaire. Les charges et la fiscalité des entreprises risquent de vous rappeler à une dure réalité. Avez-vous ces qualités de gestionnaire, pouvez-vous les acquérir ou vous faire aider par une personne de confiance ? *Des renseignements sur : www.travail-freelance.com.*

❐**100** J'ai une expérience professionnelle que je pourrais exercer à mon compte. Je me renseigne sur les procédures à engager pour y parvenir.

Une année sabbatique ?

Écologie : ♥♥♥♥ Mieux-être : ♥♥♥♥♥

Ce rêve fou vous semble inaccessible ? L'est-il vraiment ? Le droit français du travail prévoit qu'après six ans d'ancienneté (voire moins selon certaines conventions collectives), vous pouvez demander un congé sabbatique d'une durée de six à onze mois. Vous pouvez en prendre plusieurs lors de votre carrière (tous les six ans) en conservant la garantie d'une réintégration dans l'entreprise. Pour les entreprises de moins de 200 salariés, la législation diffère et l'employeur peut refuser votre demande si ce congé crée une désorganisation au sein de la société. Il doit cependant justifier son refus.

Mais d'autres opportunités peuvent se présenter. À l'occasion d'une fin de contrat, d'un licenciement ou d'une démission. Pourquoi alors reprendre un emploi immédiatement ? L'argent, bien sûr, qui vous ferait trop rapidement défaut. Vous ne pouvez rester un mois sans revenu, alors une année... Sauf à le prévoir à l'avance. Si vous le pouvez, économisez 25 % de votre salaire pendant quatre ans et vous disposez alors d'une somme suffisante pour vivre un an sans revenu. Ou bien 10 % pendant dix ans (ce qui peut vous sembler plus facilement réalisable). Si vous percevez un 13e mois, mettez-le intégralement sur un compte épargne et prenez une année sabbatique tous les 12 ans.

Pensez aussi au revenu que peut générer la sous-location de votre domicile pendant cette année sabbatique si vous en profitez pour partir en voyage. Découvrez alors le monde ! Il existe des destinations où la vie sur place est très économique. Avec l'équivalent de deux ou trois mois de salaire, vous pouvez vivre un an dans certains pays, en pratiquant un minimum de frugalité à l'image des autochtones.

❐ **101** Je programme une année sabbatique pour :

À lire

DRAKE D. Jones, *Ralentir. Travailler moins, vivre mieux,* Éditions Ecosociété, 2005

HALEVY Marc, *Travail et emploi – Une mutation annoncée,* Éditions Dangles, 2009

STERIN Anne-Laure, *Comment travailler autrement ?,* Éditions Delmas, 2004

Quitter ce monde en toute simplicité

La simplicité volontaire peut se conjuguer jusqu'au dernier instant de votre vie. Faites en sorte que vos funérailles ne vous échappent pas et qu'elles soient le reflet de ce que fut votre vie. À défaut d'instructions précises laissées aux proches, vous courrez le risque que ces derniers, souvent vos enfants, organisent une cérémonie plus fastueuse que celle que vous auriez souhaitée. Parfois au simple motif de ne pas vouloir paraître pingre ou être considéré comme des enfants indignes.

Funérailles minimalistes

Faites un testament, avertissez-en votre famille et communiquez-le à votre notaire. Précisez votre choix entre enterrement et incinération. Si vos moyens le permettent et si vous ne souhaitez pas laisser à vos enfants une charge financière trop lourde, préparez donc vos obsèques de votre vivant.

Avez-vous besoin d'un cercueil en bois précieux avec un luxe qui ne vous ressemble pas ? Savez-vous qu'il en existe en carton, en bambou, en matériaux recyclés ? Après-tout, il n'est destiné qu'à nourrir les vers et autres termites. Qu'il leur résiste quelques mois ou dix ans n'a aucune importance.

Précisez clairement votre choix en matière de cérémonie. Sinon, si vous avez été un indécrottable athée et libre penseur toute votre vie, vous risquez de finir votre vie au beau milieu d'une église où le prêtre ne saura trop quoi inventer pour convaincre l'auditoire éploré que vous étiez un bon samaritain, à défaut d'un grand croyant !

Incinération ou enterrement ? La première est moins onéreuse, mais pas forcément plus écologique. L'incinération n'est pas neutre en répercussions sur l'environnement : elle est tenue pour responsable de 16 % des émissions de mercure dans l'atmosphère et 11 % de dioxine. Ces taux augmentent proportionnellement au nombre toujours croissant d'incinérations. L'enterrement pose un problème de place : les cimetières deviennent bondés (« Mon caveau de famille est plein comme un œuf, et d'ici que quelqu'un n'en sorte » chantait Brassens) et dans notre monde de plus en plus urbanisé, le problème devient sérieux dans de nombreuses agglomérations.

Le saviez-vous ? *En Grande-Bretagne, le premier cimetière écologique a vu le jour en 2000 près de Norwitch. Depuis, plus de 200 autres ont été créés et ont accueilli à ce jour 35 000 défunts. De quoi s'agit-il ? Vous vous faites enterrer dans une forêt, le plus simplement du monde. Pas de pierre tombale, parfois un simple mémorial en bois ou encore un arbre, d'une essence que vous aurez choisie, planté sur votre tombe. Pourquoi pas un hêtre (hêtre ou ne plus être) ? Quel bonheur posthume que de reposer en paix dans un sous-bois accompagné par le chant des oiseaux. D'ailleurs, on a constaté que la faune, et notamment les oiseaux, abondait davantage dans ces cimetières-forêt. Très certainement que d'ici votre trépas, ce type de cimetière se sera développé dans notre pays. Dans cette hypothèse, si cette option vous séduit, incluez-la dans vos dernières volontés.*

Le don d'organes. De cela aussi il est nécessaire de s'en préoccuper avant l'heure fatidique. Si vous y êtes favorable, demandez dès maintenant votre carte officielle de donneur d'organe (sur le site *www.france-adot.org*). Précisez-le dans votre testament et informez-en vos proches.

❑ **102** Je décide de rédiger mon testament en précisant le type de funérailles et de cérémonie choisi.

❑ **103** Je formalise officiellement mon choix de don d'organes.

Et maintenant, que vais-je faire ?

Mener une existence simple en appliquant tout ou partie des conseils proposés va dégager un temps libre considérable dans votre vie. Plus qu'une heure de télévision par jour au lieu de trois ou quatre, plus de temps perdu à jouer en bourse, finies ces heures à passer avec des pseudo ami(e)s qui n'étaient finalement que des relations toxiques, peut-être une demi-journée libérée en passant à temps partiel, moins de sorties lèche-vitrine, etc. Mais que faire de tout ce temps ? Le risque est de sentir s'installer en soi un grand vide et de finalement retrouver, au bout de quelques semaines, ses anciennes habitudes ou addictions...

Alors voici quelques idées pour occuper votre nouveau temps libre *(ne les cochez surtout pas toutes !) :*

❐ **104** Je fais du théâtre.

❐ **105** J'apprends des danses de salon.

❐ **106** Je m'exerce au chant et m'inscris dans une chorale.

❐ **107** Je jardine écolo.

❐ **108** Je fais du bénévolat, aux restos du cœur par exemple.

❐ **109** Je donne des cours de soutien à des enfants.

❐ **110** J'apprends le massage.

❐ **111** Je pratique la méditation.

❐ **112** J'apprends une nouvelle langue.

❐ **113** J'écris un livre (une fiction ou l'histoire de ma famille, par exemple) ou j'écris des poèmes.

❒ 114 Je pratique un nouveau sport.

❒ 115 Je fais de la gymnastique quotidienne pour me maintenir en forme.

❒ 116 Je m'implique dans une association sportive ou culturelle.

❒ 117 J'exerce ma mémoire en apprenant des poèmes.

❒ 118 Je développe ma culture générale (au moyen de livres ou de jeux).

❒ 119 Je découvre la nature et réalise un herbier des plantes de ma région.

❒ 120 Je découvre la faune de ma région (je répertorie, par exemple, tous les oiseaux et leur habitat).

❒ 121 Je répertorie tous les grands arbres remarquables de ma commune ou de ma région, avec leur localisation et leur photo.

❒ 122 J'organise des jeux de rôles ou des jeux en extérieur avec mes enfants et ceux de mon entourage.

❒ 123 Je me perfectionne en cuisine en apprenant une nouvelle recette chaque semaine.

❒ 124 J'approfondis un sujet : j'entame des recherches dans un domaine particulier (par exemple une période précise de l'Histoire) et je deviens l'un des meilleurs spécialistes dans ce domaine. Je crée un site Internet pour faire partager mes connaissances, j'enrichis des sites encyclopédiques participatifs.

❒ 125 J'apprends la calligraphie, la peinture, la poterie, la sculpture...

❒ 126 J'apprends un instrument de musique.

❒ 127 Je bricole, je restaure de vieux meubles, je rénove de vieux jouets.

❒ 128 Je décore ma maison par moi-même.

❒ 129 Je fais des recherches généalogiques sur ma famille.

❒ 130 -

Le calendrier pour planifier mes résolutions

(indiquez le numéro de la résolution à la date choisie)

Janvier	
1	
2	
3	
4	
5	
6	
7	
8	
9	
10	
11	
12	
13	
14	
15	
16	
17	
18	
19	
20	
21	
22	
23	
24	
25	
26	
27	
28	
29	
30	
31	

Février	
1	
2	
3	
4	
5	
6	
7	
8	
9	
10	
11	
12	
13	
14	
15	
16	
17	
18	
19	
20	
21	
22	
23	
24	
25	
26	
27	
28	
29	

Mars	
1	
2	
3	
4	
5	
6	
7	
8	
9	
10	
11	
12	
13	
14	
15	
16	
17	
18	
19	
20	
21	
22	
23	
24	
25	
26	
27	
28	
29	
30	
31	

Le calendrier pour planifier mes résolutions

(indiquez le numéro de la résolution à la date choisie)

Avril	
1	
2	
3	
4	
5	
6	
7	
8	
9	
10	
11	
12	
13	
14	
15	
16	
17	
18	
19	
20	
21	
22	
23	
24	
25	
26	
27	
28	
29	
30	

Mai	
1	
2	
3	
4	
5	
6	
7	
8	
9	
10	
11	
12	
13	
14	
15	
16	
17	
18	
19	
20	
21	
22	
23	
24	
25	
26	
27	
28	
29	
30	
31	

Juin	
1	
2	
3	
4	
5	
6	
7	
8	
9	
10	
11	
12	
13	
14	
15	
16	
17	
18	
19	
20	
21	
22	
23	
24	
25	
26	
27	
28	
29	
30	

Le calendrier pour planifier mes résolutions

(indiquez le numéro de la résolution à la date choisie)

Juillet	
1	
2	
3	
4	
5	
6	
7	
8	
9	
10	
11	
12	
13	
14	
15	
16	
17	
18	
19	
20	
21	
22	
23	
24	
25	
26	
27	
28	
29	
30	
31	

Août	
1	
2	
3	
4	
5	
6	
7	
8	
9	
10	
11	
12	
13	
14	
15	
16	
17	
18	
19	
20	
21	
22	
23	
24	
25	
26	
27	
28	
29	
30	
31	

Septembre	
1	
2	
3	
4	
5	
6	
7	
8	
9	
10	
11	
12	
13	
14	
15	
16	
17	
18	
19	
20	
21	
22	
23	
24	
25	
26	
27	
28	
29	
30	

Le calendrier pour planifier mes résolutions

(indiquez le numéro de la résolution à la date choisie)

Octobre	
1	
2	
3	
4	
5	
6	
7	
8	
9	
10	
11	
12	
13	
14	
15	
16	
17	
18	
19	
20	
21	
22	
23	
24	
25	
26	
27	
28	
29	
30	
31	

Novembre	
1	
2	
3	
4	
5	
6	
7	
8	
9	
10	
11	
12	
13	
14	
15	
16	
17	
18	
19	
20	
21	
22	
23	
24	
25	
26	
27	
28	
29	
30	

Décembre	
1	
2	
3	
4	
5	
6	
7	
8	
9	
10	
11	
12	
13	
14	
15	
16	
17	
18	
19	
20	
21	
22	
23	
24	
25	
26	
27	
28	
29	
30	
31	

Bibliographie générale et sites Internet

En complément des ouvrages et sites mentionnés dans le texte et en fin de chaque chapitre

À lire

BOISVERT Dominique, *ABC de la simplicité volontaire,* Éditions Écosociété, 2005

BURCH Mark A., *La voie de la simplicité,* Éditions Écososiété, 2003

DEBORD Guy, *In girum imus nocte et consumimur igni,* Éditions Gallimard, 1999

GEORGESCU-ROEGEN Nicholas, *La décroissance,* Éditions Sang de la Terre, 2006

HALEVY Marc, *Économie immatérielle*, Éditions Dangles, 2009

HALEVY Marc, *Économie démonétisée,* Éditions Dangles, 2009

HERVE René-Martin, *Éloge de la simplicité volontaire,* Éditions Flammarion, 2007

JANCOVICI Jean-Marc, *Le plein s'il vous plait,* Éditions Points, 2007

JEAMBAR & REMY, *Nos enfants nous haïront,* Éditions Points, 2007

LECUYER Philippe, *Guide des alternatives,* Éditions du Fraysse, 2005

LATOUCHE Serge, *Petit traité de la décroissance sereine,* Éditions Mille et une nuits, 2007

LOREAU Dominique, *L'art de la simplicité,* Éditions Marabout, 2007

LOREAU Dominique, *L'art des listes,* Éditions Marabout , 2008

MARIS Bernard, *Antimanuel d'économie (T.1 et T.2)*, Éditions Bréal

MONGEAU Serge, *La belle vie, le bonheur dans l'harmonie,* Éditions Écosociété, 1998

MONGEAU Serge, *L'écosophie ou la sagesse de la nature,* Éditions Écosociété, 1994

MONGEAU Serge, *La simplicité volontaire,* Éditions Écosociété, 1998

RABHI Pierre, *La part du colibri,* Éditions de l'Aube, 2006

SAURY Alain, *Manuel de la vie sauvage,* Éditions Dangles

THOREAU Henry-David, *La désobéissance civile,* Éditions Mille et une nuits, 1997

THOREAU Henry-David, *Walden ou la vie dans les bois,* Éditions Gallimard, 1990

Sur le web

www.simplicitevolontaire.org

www.revolution-lente.com

www.decroissance.info

http://simplicitevolontaire.bbfr.net

www.decroissance.org

www.ladecroissance.net

Table des matières

Apportez votre contribution à cet ouvrage. Suggérez-nous de nouvelles idées à traiter lors d'une prochaine édition à : **vivre-simplement@live.fr**

Achevé d'imprimer sur les presses de l'Imprimerie BARNÉOUD
53960 BONCHAMP-LÈS-LAVAL
Dépôt légal : septembre 2009 - N° d'imprimeur : 909033
Imprimé en France